USAGE DES CADRES

à la

RECHERCHE DU RENSEIGNEMENT

Stage au Corps d'armée

Préparation et exécution d'une manœuvre de cadres

sur la carte et sur le terrain

*À l'usage de tous les Officiers, particulièrement des Officiers d'[...]
et des Officiers de renseignements de toutes armes*

Avec 3 cartes et 3 croquis

BERGER-LEVRAULT, ÉDITEURS

NANCY-PARIS-STRASBOURG

1926

PRIX : 6 FRANCS
MAJORATION 20 %-L.

DRESSAGE DES CADRES

à la

RECHERCHE DU RENSEIGNEMENT

Lieutenant-Colonel breveté PAQUET

DRESSAGE DES CADRES

à la

RECHERCHE DU RENSEIGNEMENT

Stage au Corps d'armée
Préparation et exécution d'une manœuvre de cadres
sur la carte et sur le terrain

*A l'usage de tous les Officiers, particulièrement des Officiers d'état-major
et des Officiers de renseignements de toutes armes*

Avec 3 cartes et 3 c...

PARIS

BERGER-LEVRAULT, ÉDITEURS

136, Boulevard Saint-Germain (VIe)

1926

DU MÊME AUTEUR

AVANT-PROPOS

Ce livre a pour but d'exposer une méthode, entre plusieurs autres, pour le dressage progressif et raisonné des cadres à la recherche du renseignement.

A cet effet, faisant abstraction de la personnalité du chef, qui doit rester malgré tout « l'animateur », et marquer de son empreinte la décision qu'il prend, nous nous sommes borné à envisager, dans un cas concret déterminé, le travail d'un de ses aides immédiats, son 2e Bureau, que ce travail précède et facilite une décision à prendre ou bien suive et exécute la décision prise; autrement dit, nous nous sommes proposé, une fois la volonté du chef exprimée, d'en suivre l'exécution par son service de renseignements.

La bonne marche de ce service dépend en premier lieu de la valeur de l'officier qui le dirige. Le dressage de cet officier est donc à la base de son rendement.

Comment, dans un corps d'armée, peut-on dresser et maintenir en condition les officiers de renseignements? Nous allons essayer de le montrer dans les trois études qui suivent.

Nous prendrons tout d'abord l'officier novice et nous exposerons les phases successives de son initiation; c'est le but du stage au corps d'armée.

Puis nous aborderons son utilisation dans une unité

et nous définirons son rôle dans les exercices d'application du temps de paix.

Nous aurons ainsi, au cours de ces deux stades, préparé l'un des agents essentiels de la décision du chef, et donné au Commandement des yeux pour voir.

Il appartiendra ensuite au Commandement de les ouvrir à bon escient, et de diriger leurs regards au bon endroit, en temps opportun.

S'il n'y a pire aveugle que celui qui, ayant des yeux, ne veut pas voir, celui qui ne sait pas s'en servir pour regarder ne vaut guère mieux.

C. P.

INTRODUCTION

IMPORTANCE DU DRESSAGE A LA RECHERCHE DU RENSEIGNEMENT

La recherche du renseignement, dont la guerre a fait ressortir l'évidente nécessité, n'avait pas, jusqu'en 1914, attiré, comme il convenait, l'attention du Commandement.

L'Instruction de 1921, sur l'emploi tactique des grandes unités, a réparé cette erreur, et souligne maintenant l'importance de la question.

D'autre part, l'Instruction du 2 novembre 1922 sur la recherche des renseignements prescrit la participation des officiers des 2es Bureaux aux exercices sur la carte et sur le terrain.

Plus récemment encore, la Circulaire du 15 janvier 1924 a défini les principes généraux de la formation des cadres, et posé des règles d'ensemble pour le travail en commun des différentes armes.

Il y est recommandé, notamment, de faire fonctionner, dans les exercices sur le terrain, l'*observation terrestre et aérienne* par le jeu d'un plastron assez fortement constitué.

Cette prescription incite implicitement l'organisateur d'une manœuvre à ne pas négliger la question si importante de la recherche du renseignement.

* *

Ainsi que l'écrivait en 1922 une haute personnalité mili-

laire, aujourd'hui disparue, *quiconque à la guerre assuma
le redoutable honneur d'exercer un grand commandement,
sait de quel poids pesait sur ses décisions ce qu'on est convenu
d'appeler le renseignement.*

Cette affirmation est également vraie pour toute unité
au combat.

Nous la trouvons reproduite, bien que sous une autre
forme, dans l'Instruction du 6 octobre 1921, page 46,
article 67.

Pénétrons-nous des principes énoncés.

Après avoir précisé que *le rôle capital du chef est de
prendre des décisions*, après avoir défini les *données principales qui servent de base à ces décisions*, l'Instruction sur
les grandes unités aborde à la page 46 (§ 66), la définition
du « plan de manœuvre ». On trouve dans cette définition
la phrase caractéristique suivante :

Le chef « *envisage, sans opinion préconçue, les diverses
hypothèses plausibles sur les projets de son adversaire*, et,
sans jamais perdre de vue le but qui lui a été assigné, *il
prévoit les mesures à prendre, le cas échéant, pour déjouer
ces projets* et poursuivre malgré l'ennemi l'accomplissement
de sa mission ».

Et plus loin, après la mise à exécution du plan de manœuvre : « une fois les opérations commencées, *les renseignements fournis par les organes d'information et par le
combat permettent d'entrevoir avec plus de précision les intentions de l'ennemi.* »

De quoi s'agit-il en effet, pour le commandant d'une
grande unité ?

— de concevoir une manœuvre ;
— de l'exécuter malgré l'ennemi.

Or, cette conception et cette exécution comportent,
avant tout autre travail, la connaissance de l'adversaire
qu'on va combattre, connaissance qui est, aux termes du
règlement, « un des facteurs importants des conceptions
et des décisions du chef ».

Le règlement dit bien « un facteur important », ce qui signifie que le renseignement a sur les opérations une influence qu'on ne saurait impunément négliger.

**

Continuons à feuilleter le règlement.

Lorsqu'il traite de la sûreté, il rappelle qu'elle « *repose sur le renseignement* et sur le dispositif des troupes ».

Enfin, il définit les organes de renseignements (¹), qui contribuent à la sûreté :

l'aviation ;

la cavalerie ;

les détachements de reconnaissance.

Pour manier à bon escient les organes de renseignement, il ne suffit pas d'en connaître le rendement théorique, il faut surtout s'habituer à les utiliser *dans tous les exercices, où les forces mises en œuvre comportent leur collaboration.*

Or, dans les exercices du temps de paix, on est tenté de négliger la recherche du renseignement, et l'on se borne souvent à supposer l'ennemi dans une situation généralement imposée par le directeur de l'exercice.

On néglige ainsi une partie de la tâche qui incombe au Commandement. En vertu de cette vérité, qu'on ne fait bien à la guerre que ce qu'on a appris à faire en temps de paix, on doit constater qu'il y a là une méthode d'instruction défectueuse, parce qu'incomplète ; elle ne peut que conduire à la longue à faire abstraction de l'ennemi.

Sans doute pourra-t-on objecter qu'on se heurte souvent à des difficultés matérielles pour l'organisation d'un exercice de cadres ; ces difficultés existent parfois, il est vrai ;

(¹) Le règlement mentionne les « organes spéciaux », dont la mise en jeu entre également en ligne de compte pour la recherche de la situation de l'ennemi. L'Instruction du 2 novembre 1922 sur la recherche du renseignement les définit en détail. Nous les passerons ici sous silence et nous renvoyons pour leur emploi à notre opuscule sur le « Service de renseignements en campagne ».

mais elles ne sauraient, de toutes façons, entraver la mise
en œuvre d'un plastron, condition indispensable pour qu'on
puisse retirer de la manœuvre tous les enseignements dési-
rables.

**

Une manœuvre de cadres dans une grande unité se passe
généralement ainsi : le directeur fixe le cadre dans lequel
l'unité doit manœuvrer, et donne une première situation
de l'ennemi. Cette base posée, on ne trouve plus guère,
dans le travail exécuté, que des ordres d'opérations, visant
à l'exécution d'un mouvement ou d'une action contre un
ennemi, dont la situation change le plus souvent à la dis-
crétion du directeur de la manœuvre, suivant un programme préétabli, ou, plus rarement, suivant la décision
de l'officier chargé de la représentation de l'ennemi.

Ce que le Commandement de l'unité de manœuvre ou
des unités subordonnées apprennent de l'ennemi, leur est
donné généralement sous la forme d'un renseignement,
sous pli fermé, préparé à l'avance et à décacheter à une
heure donnée. Les divers chefs hiérarchiques sont donc
brusquement mis en présence d'une situation de fait qui
leur est imposée, mais à laquelle il leur a été impossible
de réfléchir au préalable. On leur a fourni un renseignement
mais ils ne l'ont pas demandé, ils n'en ont pas ordonné la
recherche.

Cette méthode peut présenter des avantages, lorsqu'il
s'agit de provoquer des décisions du Commandement de
l'unité de manœuvre; mais elle ne permet pas de pres-
sentir et de préparer ces décisions...

A quoi se réduit alors le rôle du Commandement? à l'exécution matérielle pure et simple d'une opération. Or, com-
mander, *à tous les échelons*, c'est prévoir, c'est-à-dire, en
particulier, chercher à savoir d'avance comment l'ennemi
pourra contrecarrer la manœuvre, pour en déduire comment
on pourra déjouer ses projets. Et dans le cadre de chaque

grande unité, c'est au chef de cette unité qu'il appartient, en conséquence, de provoquer la recherche des renseignements nécessaires (*plan de renseignements*).

Le corps d'armée et la division disposent, à cet effet, d'organes de renseignement; ce sont ces organes qui doivent être mis en action dans un but et avec une mission bien déterminés (*plan de recherches*).

En ce qui concerne *les éléments de reconnaissance terrestres*, il n'y a généralement aucune hésitation sur leur mode d'emploi; il faut cependant prendre garde de ne pas leur demander plus qu'ils ne peuvent donner.

Quant à l'*aviation*, arme nouvelle, encore insuffisamment connue de beaucoup, on la néglige ou on l'emploie mal dans bien des cas; les ordres d'opérations la mentionnent parfois « pour mémoire »; parfois aussi, on la lance inconsidérément à l'aventure pour *renseigner sur une zone donnée*.

Ces négligences ou ces erreurs faussent l'esprit des cadres, en leur dissimulant l'importance que l'emploi des organes de renseignements a sur la bonne marche de la manœuvre.

Nous montrerons, dans les deux dernières études qui suivent, comment on peut organiser pratiquement, sur le terrain, une manœuvre de cadres de division, en se maintenant dans les prescriptions réglementaires.

Mais avant d'étudier, dans un cas concret, l'emploi des différents organes de renseignements, nous estimons nécessaire de dire quelques mots de l'importance de l'*observation*, sous ses deux formes, terrestre et aérienne, ainsi que de ses limites d'action. L'observation est, en effet, l'un des principaux moyens d'information du Commandement.

** **

L'Observation

L'Instruction du 2 novembre 1922 sur l'observation, définit ainsi les besoins du commandant d'une division : *Il*

a besoin, pour *conduire le combat, d'être renseigné en per*-
*manence et en détail sur la situation de l'ennemi et celle de
ses troupes.*

Et le règlement ajoute que, dans ce but, *l'observation
aérienne est indispensable et doit être complétée par l'observation terrestre (plan d'observation).*

Cette dernière est du ressort des éléments de reconnaissance terrestres. Elle a son plein rendement lors de la
stabilisation, lorsque les adversaires, ayant pris effectivement un contact étroit, ont pu établir un réseau complet
d'observatoires. Elle définit et précise le **contour apparent**
ainsi que certains détails de la zone avancée; mais elle est
généralement impuissante, lorsqu'il s'agit de l'arrière-front.

L'*observation aérienne* complète, par la photographie
ou à vue directe, les résultats de l'observation terrestre
du front; elle entre en jeu normalement pour la surveillance du terrain au delà du contour apparent ([1]).

Cette distinction fondamentale des missions de l'observation terrestre et de l'observation aérienne est à la base
des procédés d'emploi de l'aviation, à laquelle on ne sera
pas tenté de demander l'irréalisable, comme, par exemple,
la définition du front tenu par l'ennemi. L'aviation, si elle
peut, à la rigueur, situer la ligne amie (souvent, avec quelles
difficultés !), est totalement incapable de préciser le front
occupé par l'adversaire.

Il est donc indispensable, si l'on veut s'en servir à bon
escient, de connaître les conditions générales du fonctionnement de l'observation aérienne, c'est-à-dire l'emploi de
l'aviation comme organe de renseignement. Le règlement
sur l'observation en rappelle le but et l'importance (titre I,
article 23).

Les missions, qui ont pour but la recherche de la situation de l'ennemi, sont définies par l'Instruction du 2 novembre 1922 sous la rubrique *Missions de reconnaissance*.

([1]) Programme de reconnaissances aériennes.

Essayons de les préciser dans le cadre de la division et du corps d'armée.

D'une part, leur ampleur varie avec la nature et les *besoins* de la grande unité, au profit de laquelle l'aviation travaille.

D'autre part, il doit être bien établi que ces missions sont toutes exécutées au profit, c'est-à-dire *pour les besoins* du commandement de cette unité (¹).

Or, quels sont ces besoins?

1º Préciser la situation de l'ennemi sur le terrain;

2º Suivre ses mouvements et son activité.

De ces deux catégories de renseignements découlera l'*étude des indices*, c'est-à-dire des intentions possibles ou probables de l'ennemi.

C'est toujours là qu'il faut en venir. Il n'est pas suffisant, en effet, pour un 2ᵉ Bureau, d'établir des cartes fort bien présentées de la situation de l'ennemi, ou de ses travaux. Il n'y aurait là qu'une figuration morte, si on ne l'exploitait pas, et si on ne s'appliquait pas à essayer d'en déduire les possibilités de l'adversaire, c'est-à-dire à **prévoir**.

Les prévisions du Commandement se traduisent, pour l'aviation en particulier, par une plus ou moins grande envergure à donner aux reconnaissances.

Envergure des reconnaissances aériennes

Dans quelle mesure ces prévisions doivent-elles s'exercer dans le corps d'armée ou la division?

Considérons les deux cas généraux de l'offensive et de la défensive, dans lesquels peuvent rentrer tous les cas particuliers.

(¹) En effet, les missions à remplir par l'aviation au bénéfice des armes combattantes, peuvent toutes rentrer dans les catégories définies par le règlement sous les dénominations de *Missions de tir* (Artillerie) et *Missions de liaison* (Infanterie), c'est-à-dire missions d'opérations.

A. — *Offensive* [1].

Lorsqu'une grande unité encadrée est chargée de la préparation d'une attaque, elle a besoin de connaître :

— la situation initiale de l'ennemi;

— comment cette situation peut se modifier ou se modifie.

a) L'aviation concourt à la connaissance de la situation initiale par la photo et presque uniquement par elle [2].

La recherche du renseignement se bornera donc généralement pour l'aviation à l'exécution de **programmes photographiques**.

b) La situation de base établie, il sera facile de suivre au jour le jour les modifications qui seront apportées dans les organisations de l'ennemi.

Mais l'important est de découvrir en outre ses projets, c'est-à-dire de reconstituer les **grandes lignes de son plan de défense**. Il faut essayer de voir clair dans son jeu, de prévoir les obstacles qu'il pourra opposer à l'attaque, étudier l'emploi logique de ses réserves partielles, ses contre-attaques possibles, leur importance, leurs cheminements.

On devra donc, là encore, utiliser l'aviation pour compléter les renseignements de l'observation terrestre ou des autres sources dont on dispose.

D'autre part, il faudra faire une **étude stéréoscopique du terrain**, étude qui ne prendra toute sa valeur qu'après comparaison de tous les renseignements de sources diverses, que la division se procurera.

---

[1] Voir notre ouvrage *Sur le Fonctionnement interne d'un 2e Bureau en campagne*, chap. VI.

[2] L'Instruction sur l'observation, page 37, article 86, spécifie que « toute mission de reconnaissance de jour implique normalement la prise de photographies aériennes ».

Où doit s'arrêter pour le corps d'armée et la division l'étude du plan défensif de l'ennemi, en d'autres termes, jusqu'où faut-il aller chercher le renseignement ?

Il faut réagir contre une tendance assez fréquente, dans les exercices du temps de paix, à se servir, dans le corps d'armée ou la division, de l'aviation comme d'une aviation d'armée. On la découple au loin, comme si elle était la seule à mettre en action et comme si elle devait tout faire.

On ne doit pas oublier qu'elle agit dans un cadre fort limité, et que son emploi doit être uniquement réservé *à la satisfaction des besoins* de la grande unité qui l'utilise. Son rôle est donc restreint.

Il faut prendre comme principe qu'une escadrille de corps d'armée (à plus forte raison, si elle est mise à la disposition d'une division) n'a pas à reconnaître la zone arrière de l'ennemi, mais seulement la *zone d'action immédiate de la grande unité pour laquelle elle opère*, c'est-à-dire la zone d'action de son artillerie ([1]).

Faire sortir l'escadrille de cette zone, ce serait d'abord risquer de la faire agir trop loin, sans soutien, avec des appareils isolés ; ce serait faire également double emploi avec les escadrilles d'armée.

Comme l'indique le Règlement sur l'observation, page 37, les *missions de reconnaissance rapprochée* (qui sont les seules intéressant les escadrilles opérant pour un corps d'armée ou une division) visent uniquement la configuration du terrain, l'organisation de l'ennemi sur ce terrain, les mouvements qu'il peut y faire, l'activité de son artillerie, les résultats de nos tirs.

([1]) Ceci est surtout vrai pour la division. Les escadrilles de corps d'armée opéreront généralement sur une profondeur relativement plus grande, 15 à 20 kilomètres, en vue de reconnaître les mouvements de troupe sur les routes et dans les cantonnements de l'arrière.

B. — *Défensive* (¹).

Dans une situation défensive, les besoins d'une grande unité sont du même ordre que dans l'offensive, mais certaines recherches prennent une importance toute spéciale.

Nous avons parlé plus haut de l'étude des indices; cette étude est, dans la défensive, la principale préoccupation d'un 2ᵉ Bureau.

Elle consiste à discerner *où l'ennemi attaquera, comment, avec quels moyens* (²).

Là encore, l'aviation jouera un rôle capital *par la photographie.*

Il ne faudra pas trop compter sur l'observation à la vue; une seule série de photos donnera plus de détails intéressants que plusieurs reconnaissances à vue directe; l'observation aérienne complétera les renseignements obtenus par l'observation terrestre et recoupera certains d'entre eux.

* *

En résumé, quelle que soit la situation dans laquelle on se trouve, on ne pourra et on ne devra demander à l'aviation d'une unité que des photographies et des observations à vue directe *dans un rayon limité aux besoins de cette unité.* Encore les observations à vue directe seront-elles réservées aux seuls renseignements pour lesquels la photo est impuissante ou insuffisante : mouvements de troupes, tirs de l'artillerie ennemie, etc...

* *

Le principe d'emploi des éléments de reconnaissance terrestres et aériens doit donc être le suivant :

— L'observation terrestre définit le *contour apparent* de

(¹) Voir le renvoi 1 de la page XIV.
(²) Voir notre livre *Sur le Fonctionnement d'un 2ᵉ Bureau*, chap. « Étude du renseignement ».

l'ennemi et parfois quelques parties de la zone rapprochée.

— L'observation aérienne entre en jeu en arrière de ce contour apparent.

Mais ce n'est pas tout.

L'aviation doit, en outre, avant la délimitation du contour apparent, c'est-à-dire avant le contact, renseigner elle-même le Commandement et les éléments avancés sur la présence ou l'absence de l'ennemi, ainsi que sur les caractéristiques du terrain, dans la zone de marche de la grande unité considérée ; c'est ce que le Règlement sur les grandes unités prescrit dans les termes suivants, en ce qui concerne la division :

La cavalerie et l'aviation éclairent la marche ; leurs investigations portent non seulement sur la situation de l'ennemi, mais aussi sur la nature et l'état du terrain... (p. 92, art. 172).

Ou encore pour le corps d'armée :

L'aviation opère au delà des éléments les plus avancés du corps d'armée et fouille méthodiquement le terrain... (p. 81, art. 149).

Ces prescriptions impliquent, bien entendu, une liaison constante de l'aviation, non seulement avec le commandement qui la met en action, mais aussi avec les *éléments avancés* de la grande unité, c'est-à-dire avant-garde et éléments de reconnaissance terrestres.

Si la liaison est généralement facile à assurer entre l'aviation et le Commandement (messages lestés, panneaux, T. S. F.), elle est plus délicate à établir avec les éléments mobiles de reconnaissance terrestres. Or, il est particulièrement intéressant pour la fraction de cavalerie qui ouvre la marche, ou pour une patrouille de pointe, d'être renseigné, par un moyen facile et sûr, sur ce que l'avion peut avoir à leur faire connaître (¹).

Il ne nous appartient pas de traiter ici cette question,

(¹) Le Règlement du 26 mai 1923 sur la liaison et les transmissions prévoit (annexe II, p. 119) que les éléments de découverte ou en mission spéciale sont identifiés par panneaux d'après les ordres du moment.

qui a son intérêt; qu'il nous suffise de la soulever, pour poser une fois de plus le principe de l'importance de la liaison et des transmissions, sans lesquelles le renseignement perd toute sa valeur.

Et en insistant sur ce principe vital, nous rappellerons que, pour obtenir un bon rendement de l'aviation, il est essentiel de ne pas l'envoyer « éclairer » à l'aventure au-dessus de la zone de marche d'une grande unité, mais, comme l'indique l'Instruction sur l'emploi tactique des grandes unités, de l'employer *méthodiquement, en lui posant des questions très nettes*, suivant un programme établi par le Commandement, d'après ses besoins, c'est-à-dire suivant ses intentions (¹).

A la guerre, en effet, contrairement à ce qui se passe aux manœuvres du temps de paix, on n'est renseigné le plus souvent que dans la mesure où l'on a cherché le renseignement. Les cadres doivent en être bien pénétrés.

*
* *

Les considérations ci-dessus nous amènent à déduire que, s'il est important de bien savoir manier l'outil, il est tout d'abord indispensable de le bien forger.

Nous étudierons donc, en premier lieu, comment on peut former un officier de renseignements et l'initier aux grandes lignes de son métier (²); nous entreprendrons ensuite, lorsqu'il connaîtra bien les bases de son travail, d'exposer comment on peut l'utiliser en temps de paix, au cours des exercices de cadres.

(¹) Le Commandement définit ses besoins dans son *plan de renseignements*, sous forme de questions.

Le 2ᵉ bureau va chercher à répondre à ces questions en organisant la recherche du renseignement (*plan de recherche*), c'est-à-dire en posant lui-même des questions aux différents organes de recherche qu'il a à sa disposition.

Voir un exemple concret dans notre ouvrage : *Le Service de renseignements en campagne*, page 56.

(²) Pour le détail, voir l'ouvrage mentionné ci-dessus (note 1).

RÈGLEMENTS OU INSTRUCTIONS A CONSULTER MENTIONNÉS DANS LA PRÉSENTE ÉTUDE

Instruction sur l'emploi tactique des grandes unités (6 octobre 1921).

Instruction sur la recherche et l'interprétation du renseignement (2 novembre 1922).

Instruction sur l'observation (2 novembre 1922).

Règlement sur les liaisons et transmissions (26 mai 1923).

Circulaire sur l'instruction des cadres et des troupes (15 janvier 1924).

Notice sur l'arbitrage du 5 juin 1925 complétée par note du 15 avril 1926.

DRESSAGE DES CADRES

à la

RECHERCHE DU RENSEIGNEMENT

PREMIÈRE PARTIE

FORMATION DES OFFICIERS DE RENSEIGNEMENTS
UN STAGE AU CORPS D'ARMÉE
PRÉPARATION ET EXÉCUTION D'UNE MANOEUVRE
SUR LA CARTE

CHAPITRE I

Aux termes de l'article 58 de l'Instruction du 2 novembre 1922 sur la recherche et l'interprétation du renseignement, « la préparation spéciale des officiers affectés aux organes de renseignement des divisions et des unités subordonnées incombe aux commandants de corps d'armée. Cette préparation doit se faire sous la forme de conférences et de cours ou de stages spéciaux ».

Aucune autre indication officielle n'étant donnée sur l'organisation de cette instruction, nous nous proposons de montrer comment on peut la concevoir.

**

Le moyen le plus simple et le plus fructueux pour com

mencer la formation des officiers de renseignements est de les convoquer au corps d'armée pour un stage de quelques jours, au cours duquel ils suivent des conférences et exécutent des exercices pratiques. L'organisation de ce stage incombe au 2e Bureau du corps d'armée, dont le chef doit accomplir lui-même, tous les ans, un stage au 2e Bureau de l'État-major de l'armée.

Organisation et but du stage

L'instruction donnée au cours du stage doit comprendre deux parties : une partie *didactique* et une partie *d'application.*

De la *partie didactique* nous dirons peu de chose. Elle doit viser à atteindre les deux résultats suivants :

— diffuser les notions générales (données générales sur les pays étrangers et connaissance de leur organisation militaire) indispensables pour pouvoir juger du renseignement avec plus d'assurance;

— donner les notions techniques nécessaires à la recherche, l'étude et l'interprétation des renseignements (étude des règlements).

Ces résultats peuvent être atteints au moyen de conférences et de notices spéciales. Mais il importe de ne pas perdre de vue que l'instruction donnée aux officiers de renseignements doit être avant tout pratique. C'est pourquoi, pour que les conférences sur certaines armées étrangères (qu'il y a lieu d'étudier plus à fond) présentent le maximum d'intérêt et d'objectivité, il est essentiel d'en distraire tout ce qui ne concerne pas directement le corps d'armée, la division et les unités subordonnées; il convient, au contraire, de s'appesantir sur la composition, l'organisation, l'armement et la tactique des petites unités, et de montrer, pour une armée en particulier, sur quelques *cas concrets* bien choisis, la relation qui peut exister, entre l'emploi des armes, déduit de l'étude des règlements, et les organisations ou le dispositif de défense, d'après l'étude des photographies et du terrain.

La *partie d'application* mérite plus d'attention.

Elle a pour but de concrétiser sur la carte des notions et des principes forcément arides et assez complexes, de donner aux officiers des directives pratiques, de leur enseigner une méthode de travail et de développer leur jugement, en faisant naître des incidents, qui leur donnent matière à réflexion. Le stage au corps d'armée doit être la préparation naturelle des exercices sur le terrain, car ce sont ces exercices, avec cadres ou troupe, exécutés dans les divisions et les régiments, qui constituent, par la suite, les véritables exercices d'application, et contribuent le mieux à la formation des officiers de renseignements.

La deuxième partie du stage comprendra donc normalement un exercice sur la carte, conçu spécialement en vue de faire travailler les officiers de renseignements à tous les échelons jusqu'au 2e Bureau de corps d'armée.

Pour être intéressant et profitable, cet exercice doit être préparé avec beaucoup de soin et réglé dans ses moindres détails. Il est indispensable, si l'on veut ne rien oublier et faire fonctionner toutes les sources de renseignements, de ne laisser à l'imprévu que le strict minimum. Il n'est pas possible, en effet, de mener l'exercice à bien dans le temps voulu, si l'on ne fixe pas à l'avance la marche des événements et si l'on n'en prépare pas, au préalable, tous les incidents; car, la diversité des demandes de renseignements mettant en jeu les organes les plus divers, on aboutirait à un travail considérable à faire par le directeur au cours même de l'exercice; d'autre part, les officiers de renseignements perdraient leur temps entre le moment où ils auraient fait la demande et le moment où le directeur pourrait leur donner la réponse. C'est pourquoi, sans perdre de vue, comme nous le verrons par la suite, l'esprit critique qui doit le caractériser, le directeur de l'exercice préparera à l'avance tous les renseignements de différentes sources qu'il voudra donner, sous forme de petits papillons à distribuer au moment du besoin.

Durée du cycle d'instruction des officiers de renseignements

Tout d'abord quelle doit être la durée de l'instruction au corps d'armée pour un même officier?

Un cycle de deux années, c'est-à-dire de *deux stages*, a paru nécessaire et suffisant.

Partant de cette base, la situation concrète choisie une année pour les exercices pratiques doit être, si possible, la suite de celle qui aura servi l'année précédente. Il a semblé plus profitable pour l'instruction de poursuivre, pendant toute la durée du cycle, le développement d'un même thème, de façon à faire se dérouler dans leur ordre logique, tous les événements du début d'une campagne, jusqu'à la bataille incluse.

En 1924, au 14e corps d'armée, on avait étudié la marche d'approche, la prise de contact et l'engagement. En 1925, on étudia la préparation de l'attaque et l'attaque elle-même. Comme il fallait savoir se borner, la défense ne devait pas faire l'objet d'un exercice spécial, car on avait estimé qu'il était toujours possible, au cours de la manœuvre offensive, de supposer un arrêt momentané des opérations, pendant lequel le 2e Bureau de la division aurait à étudier les réactions possibles (ou projetées) de l'ennemi se manifestant sous la forme d'une contre-attaque ou d'une contre-offensive; c'est ce qui fut fait en réalité. Il n'est pas douteux cependant qu'il est utile pour les 2es Bureaux d'étudier plus en détail leur rôle en situation défensive (1).

----

(1) Cette lacune a été comblée en 1926, le programme du stage des officiers de renseignements comportant, cette année, l'étude d'une situation défensive (Verdun, rive gauche), à l'occasion de laquelle il fut fait aux officiers

D'autres considérations encore militaient en faveur de la seule étude de l'offensive.

En premier lieu, l'étude de l'ensemble des indices en situation défensive rentre plutôt dans les attributions des états-majors, qui seuls disposent des moyens de recherche appropriés. Il serait donc de peu de profit pour les officiers de renseignements des corps de troupe, de consacrer un exercice complet à l'étude de la défensive. Les points les plus importants à étudier pour ces officiers sont, en effet : l'*organisation de l'observation* dans leur régiment, le *recueil* et la *transmission* des renseignements. Il n'est pas nécessaire, pour atteindre ce but, de leur faire parcourir tout le cycle des situations, qui peuvent se présenter à la guerre. Lorsqu'ils connaissent bien leur métier dans les diverses phases de l'offensive, ils sont à même de se débrouiller dans toutes les situations.

Enfin la raison principale qui conseillait de se borner, faute de temps, à l'étude d'opérations offensives et de limiter la durée du cycle d'instruction, est la difficulté de réunir trois années de suite les mêmes officiers, étant données les mutations très nombreuses actuellement dans les corps de troupe. Malgré toutes les précautions prises et les recommandations faites, il est même souvent impossible à un chef de corps d'envoyer à deux stages successifs le même officier de renseignements (1). Il y a là une situation de fait, contre laquelle on ne peut rien. Il faut l'accepter et chercher à en tirer le meilleur parti possible. Il n'en résulte, du reste, qu'un faible inconvénient, et l'on peut se contenter, pour le même officier, de deux

---

un cours d'interprétation de photographies. Un certain nombre de photos prises à différentes dates, février à mars 1916, de plans directeurs dressés pendant la guerre, ainsi que la série des bulletins de renseignements du groupement de corps d'armée ayant opéré dans la région, servirent à faire revivre la série des travaux faits à ce moment par un 2e Bureau.

(1) Les statistiques faites pour les deux stages de 1924 et 1925 donnaient les résultats suivants :

Sur 16 officiers de troupe venus en 1924, 9 sont revenus en 1925;

Sur 5 officiers des états-majors venus en 1924, 4 sont revenus en 1925.

stages seulement. Bien plus même, il n'est pas nécessaire de le convoquer trois années de suite, car il y a tout intérêt à dresser le plus grand nombre possible d'officiers de renseignements. Ces officiers sont d'ailleurs, généralement, soit des suppléants dans le service de transmissions de leur corps, soit d'anciens chefs de ce service. Le passage dans ces deux fonctions (transmissions et renseignements) dont les titulaires doivent en campagne travailler en liaison intime, ne peut présenter que des avantages. L'idéal, à notre avis, est de dresser le plus possible d'officiers des corps de troupe à la fois comme officiers de renseignements et comme officiers de transmissions. C'est déjà ainsi qu'on a compris la question dans la cavalerie (¹).

En ce qui concerne les officiers des états-majors des divisions, ils sont généralement plus stables, et l'on pourrait leur faire suivre un cycle d'instruction plus étendu. Toutefois, la nécessité ne s'en fait pas sentir, car ces officiers ont l'occasion, au cours des manœuvres de cadres exécutées chaque année par leur division, d'exercer leurs fonctions dans des situations assez diverses (²). Comme, d'autre part, il a paru indispensable, au cours des stages, de faire travailler les officiers de 2ᵉ Bureau des divisions avec les officiers de renseignements des corps de troupe, nous avons admis également pour ceux-là un cycle d'instruction de deux années, au besoin renouvelable. Cependant, comme pour les corps de troupe, il y a tout avantage à changer dans les divisions les officiers de 2ᵉ Bureau lorsqu'ils ont accompli deux stages au corps d'armée; cette disposition rentre d'ailleurs dans les desiderata formulés à l'article 55 de l'Instruction du 2 novembre 1922 sur la recherche des renseignements.

(¹) Ce qui ne veut pas dire que l'officier de renseignements doive être le même que l'officier de transmissions.

(²) A condition qu'on tienne la main au fonctionnement du 2ᵉ Bureau.

Officiers des S. R. A. et S. R. Aé.

Ainsi que nous le verrons plus loin, les officiers convoqués au stage du corps d'armée étaient répartis, pour la période d'application, en groupes de travail. L'idée fondamentale qui avait présidé à la constitution de ces groupes était la nécessité de faire travailler en commun les divers organes de renseignements.

Un 2ᵉ Bureau est presque aveugle sans l'aviation, et l'artillerie ne peut faire qu'un travail incomplet sans le secours du 2ᵉ Bureau et de l'aéronautique.

Les trois organes (2ᵉ Bureau, S. R. A., S. R. Aé.) sont donc inséparables l'un de l'autre, et il est indispensable qu'ils s'habituent dès le temps de paix à travailler de concert, sans quoi les officiers qui n'ont pas eu l'occasion de faire du renseignement au cours de la guerre auraient une conception fausse de leur rôle et de leur action.

En ce qui concerne l'*artillerie*, il y a tout avantage à prendre à tour de rôle des officiers dans les A. D., les régiments divisionnaires ou de corps pour les mettre au courant du S. R. A., bien que ces fonctions soient généralement dévolues en campagne à des officiers des réserves. La nécessité d'inculquer aux officiers d'artillerie de l'active la notion de l'importance du renseignement, ainsi que la méthode de travail en commun, prime toute autre considération, telle que par exemple celle qui, basée sur l'absence d'un S. R. A. dans les régiments d'artillerie en temps de paix, arriverait à conclure à l'inutilité du dressage des officiers de ces régiments à la pratique de ce service.

Les cours professés à Versailles sur le S. R. A. ne constituent qu'un début, un dégrossissement, une théorie technique en quelque sorte, qui a besoin d'être appliquée par la suite dans de nombreux cas concrets, au cours d'exercices sur la carte ou sur le terrain. Le stage au corps d'armée des officiers de renseignements d'artillerie est une occasion unique pour eux de commencer leur instruction tactique. Ceux qui furent convoqués en 1924, 1925 et 1926 au 14e corps d'armée, ont prouvé, par l'intérêt qu'ils ont pris aux travaux en commun avec les officiers des états-majors, que ce contact de quelques jours était non seulement utile, mais indispensable.

Quant aux *aviateurs*, si leurs fonctions du temps de paix leur donnent de nombreuses occasions de travailler en commun avec les autres armes, il n'en est pas moins vrai que les seuls exercices de liaison auxquels ils prennent part le plus souvent, ne les prédisposent nullement à satisfaire aux besoins d'un 2e Bureau en campagne. La recherche et la surveillance de l'ennemi sont négligées la plupart du temps, au profit d'un simple exercice de jalonnement ou de transmission par T. S. F. ou par message lesté. Il est de toute nécessité de monter de fréquentes manœuvres en commun, suivant une situation où les troupes manœuvreront et se défileront, en vue d'habituer les aviateurs à reconnaître l'ennemi à terre, à fouiller le terrain, à faire office, en un mot, d'éclaireurs aériens. Le stage au corps d'armée, en contact avec un 2e Bureau, les amène déjà à cet état d'esprit en quelque sorte offensif, qui consiste à chercher et pas seulement à constater. Dans cet ordre d'idées, il est hors de doute que le stage au corps d'armée offre des avantages appréciables, dont l'un des principaux est de démontrer aux aviateurs novices, comme aux autres officiers de renseignements, que l'aviation, pas plus que l'artillerie, n'est capable par ses seuls moyens d'éclairer complètement une situation et que, sous l'impulsion du commandement (en l'espèce son 2e Bureau), un travail méthodique et concerté avec les autres organes de renseignements est seul à même de conduire à des résultats pratiques. C'est pourquoi la présence des aviateurs au stage du corps d'armée est aussi indispensable que celle des artilleurs.

Convocation des Officiers — Répartition en groupes de travail

Le nombre des officiers participant au stage du 14e corps d'armée était particulièrement élevé, par suite de la composition spéciale de la 14e région, qui comprend, outre ses éléments normaux :

2 états-majors de secteurs fortifiés,
6 bataillons de chasseurs,
1 bataillon de chasseurs mitrailleurs,
1 division de cavalerie (4 régiments seulement).

En convoquant un officier par état-major et par régiment ou bataillon formant corps (¹), on arrivait à un total de 22 officiers ainsi répartis :

12 officiers des corps de troupe d'infanterie,
5 officiers des corps de troupe de cavalerie,
5 officiers des états-majors de D. I., D. C. ou de secteurs fortifiés.

En outre prenaient part au stage :

3 officiers d'artillerie (S. R. A.) (²),
3 officiers aviateurs (S. R. Aé.) (²).

Au total 28 officiers, qui avaient été répartis en 3 groupes de travail.

(¹) Bien qu'il ne soit pas prévu en campagne d'officier de renseignements pour les bataillons de chasseurs, il est bon cependant d'en désigner un pour les raisons suivantes :

1° Tout d'abord il n'y aura jamais trop d'officiers au courant des questions de renseignements. Cette observation cadre du reste avec les prescriptions de l'article 55 de l'Instruction du 2 novembre 1922.

2° L'officier de renseignements est nécessaire en temps de paix dans les bataillons de chasseurs pour diffuser l'instruction sur le service de renseignements parmi les cadres et les hommes de troupe de son corps.

3° En campagne, il sera utile d'avoir une réserve d'officiers de renseignements dans les demi-brigades, dans les états-majors desquelles ces fonctions sont généralement remplies par des officiers de réserves.

(²) Ce nombre peut avantageusement être augmenté, c'est une question de crédits.

Chaque groupe (¹) comprenait le nombre d'officiers nécessaires pour faire fonctionner un 2e Bureau de division d'infanterie ou de D. C., ainsi que les officiers de renseignements des corps de troupe de cette division d'infanterie ou de cette D. C.

Pour ne pas trop compliquer le travail de la préparation, 2 seulement des 3 régiments de la division d'infanterie étaient représentés (2 régiments de première ligne).

Les officiers d'état-major et les officiers d'infanterie étaient répartis en 2 groupes identiques, ainsi composés :

1 état-major de D. I.
- 2 officiers d'état-major (²);
- 1 artilleur (S. R. A.);
- 1 aviateur (S. R. Aé.);

1er régiment. . . . . . . 2 ou 3 officiers;
2e régiment. . . . . . . 2 ou 3 officiers.

Les officiers de la division de cavalerie formaient un seul groupe ainsi composé :

1 état-major de D. C.
- 1 officier de l'état-major de la D. C.;
- 1 artilleur (S. R. A.);
- 1 aviateur (S. R. Aé.);
- 1 officier du groupe cycliste;

Brigade légère. . . . . . 1 officier;
Brigade de dragons . . 2 officiers;
Brigade de cuirassiers . 2 officiers.

Cette répartition en groupes, qui n'avait aucune raison d'être pour la première partie du stage, était faite uniquement en vue de la période d'application sur la carte.

Durée du stage — Emploi du temps

En 1924, le stage avait été d'une semaine seulement.

(¹) Disposant de cartes au 50.000e (quadrillage Lambert), de plans directeurs de la région au 1/20.000e et de fonds de cartes tirés à l'état-major du corps d'armée.

(²) Faisant le même travail, de façon à ne pas trop augmenter le nombre des groupes de division.

A l'expérience, cette durée avait paru trop courte. Aussi en 1925 fut-elle portée à huit jours pleins.

L'emploi du temps pendant ces huit jours avait été fixé comme suit :

Programme de travail (¹)

PREMIÈRE PARTIE

Première journée.

Matin. — Principes généraux de la recherche, de l'étude et de l'interprétation des renseignements. Leur but, leur importance, leur évolution.

Étude des besoins. — Nature des renseignements à recueillir suivant les différents échelons.

Étude des moyens. — Sources de renseignements :

a) Le personnel (2e Bureau et officiers de renseignements);

b) Les organes de recherche et d'étude : leur évolution, leur rendement, leur emploi.

a) *Organes de recherche.*

Le S. R. (ou service de renseignements spécial);

Le service de renseignements de l'artillerie (S. R. A.);

Le service de renseignements de l'aéronautique (S. A. Aé.);

b) *Organes d'étude.*

Le groupe de canevas de tir (G. C. T.);

Les sections topographiques (S. T. C. A. et S. T. D. I.).

Soir. — Aperçu sur les principales armées étrangères (organisation, armement, tactique).

Deuxième journée.

Matin. — De la *recherche* du renseignement. Mise en œuvre des organes de recherche. Le plan de recherche. Exemple sur un cas concret.

Soir. — De la *transmission* du renseignement. Le centre de renseignements avancé. Les comptes rendus. Exercices pratiques de rédaction d'un compte rendu.

Troisième journée.

Matin et soir. — Visite à l'aviation. Emploi des avions, leurs

---

(¹) Voir pour les détails à traiter l'ouvrage sur le fonctionnement interne d'un 2e Bureau : 1re journée (p. 1 à 80); 2e journée (p. 81 à 196); 4e journée (p. 196 à 275).

types et leurs caractéristiques. Études des photos. Organisation d'un S. R. Aé.

Quatrième journée.

Matin. — *Étude* et *interprétation* du renseignement. Tenue à jour des documents et cartes diverses. Exercice pratique et tenue à jour d'une carte et rédaction d'une synthèse. *Diffusion* du renseignement.

Soir. — a) La lutte contre le service de renseignement ennemi; b) armées étrangères (*suite*).

Cinquième journée.

Matin. — Visite d'un poste de guet de D. C. A. (organe de renseignements).

Soir. — Rôle des officiers de renseignements en temps de paix. Instruction des cadres et de la troupe. Matériel à utiliser. Travaux à faire. Constitution des archives.

Rôle des divisions dans l'instruction des officiers de renseignements. Préparation d'un exercice de cadres de division.

DEUXIÈME PARTIE

Sixième, septième et huitième journées.

Exercice pratique sur la carte. Résumé et critique.

CHAPITRE II

Préparation de l'exercice sur la carte

Avant de donner le détail de l'emploi du temps de ces trois dernières journées, nous dirons quelques mots tout d'abord de la préparation de l'exercice sur la carte.

1° *Thème de l'exercice* (Suite du thème de 1924). (Voir carte au 1/50.000ᵉ et plan directeur au 1/20.000ᵉ.)

Le 16 mai au soir, la 32ᵉ D. I., qui a pris au cours de la journée un contact étroit avec les forces ennemies, est dans la situation donnée par le croquis nᵒ 1.

A sa gauche, la 6ᵉ D. C., chargée d'éclairer vers *Péronne* et *Saint-Quentin*, s'est heurtée sur l'Ingon et la Somme à un ennemi en position. Cependant elle a pu forcer vers *Falvy* le passage de la Somme et lancer quelques éléments sur la rive droite de cette rivière où elle est au contact sur le front : abords sud de *Falvy—Bois de Croix*; sur l'*Omignon* aucun contact (Voir croquis nᵒ 1).

Nota. — Nous négligeons ici, pour ne pas allonger l'exposé de la situation, les renseignements concernant la liaison au sud de la 32ᵉ D. I. et au nord de la 6ᵉ D. C. Ces renseignements figuraient dans le dossier préparatoire donné aux officiers.

2° *Ordres donnés à la 32ᵉ D. I. et à la 6ᵉ D. C. (Extraits).*

... La 32ᵉ D. I., cédant à la grande unité à sa droite une partie de son secteur, doit, à partir de la nuit du 16 au 17, mettre ses 3 régiments en ligne sur le front *Champien—Rethonvillers* (Voir croquis nᵒ 2). Jusqu'alors opérant isolément, elle passe sous les ordres du 10ᵉ corps d'armée : Quartier général *Fresnoy-lès-Roye*, à partir du 16 (18 h).

Partant de cette situation, elle doit se préparer à reprendre l'offensive le jour J (18 mai), en liaison à sa gauche avec une autre division d'infanterie, qui doit relever la 6ᵉ D. C. sur une partie de son front. Dès la nuit du 16 au 17, elle doit profiter de toute occasion favorable pour porter en avant ses éléments avancés, en vue de jalonner au plus près de l'ennemi la base de départ pour l'attaque du 18.

... La 6e D. C. doit continuer à tenir le front de la Somme de *Rouy* à *Épenancourt*.

Elle a pour mission le 17, en se couvrant vers le nord au delà de l'*Omignon*, de rechercher la droite ennemie, de la déborder et de pousser des découvertes :

1° Sur *Saint-Quentin*, en vue de reconnaître ce qu'il y a derrière le rideau ennemi;

2° Vers *Péronne* pour chercher à définir les troupes qui y débarquent et la direction qu'elles prennent.

3° *Renseignements recueillis jusqu'au 16 au soir.*

En ce qui concerne la 32e D. I. ces renseignements étaient en partie consignés dans le compte rendu de renseignements établi par le 2e Bureau de cette division d'infanterie le 16 au soir ([1]) pour la journée du 16. En outre, tant pour la 32e D. I. que pour la 6e D. C., le bulletin de renseignements ci-après donnait d'une façon synthétique les renseignements recueillis depuis le commencement des opérations.

I. *Ordre de bataille.*

Les renseignements obtenus dans les journées du 15 et du 16 mai permettent de définir comme suit l'ordre de bataille devant le front :

De la région d'*Écuvilly* aux environs de *Biarre* : La 22e D. I. (?) dont seuls des éléments du 9e régiment ont été identifiés entre *Margny-aux-Cerises* et *Champien*. Des prisonniers du 9e régiment ont été faits également à *Candor* le 16 mai.

Au nord du bois de *Champien*, les identifications manquent.

Au nord de *Biarre*, la 1re D. C. dont on a identifié les unités suivantes les 15 et 16 :—

18e bataillon cycliste . . *Billancourt* (prisonniers).

27e régim. d'infanterie (1er bataillon). . . *Herly* et *Béthencourt* (prisonn.).

3e uhlans . . . . *Roiglise* (document).

([1]) Ce compte rendu figure dans notre fascicule « Le Service de renseignements en campagne », p. 81, qui étudie le fonctionnement détaillé d'un 2e Bureau de D. I. Il fut cependant distribué aux officiers.

17ᵉ uhlans . . . .   Nord de *Nesle* (document). *Quivières*
(prisonniers).
4ᵉ dragons. . . . . . .   *Épenancourt* (prisonniers).

En outre, en dehors de la 1ʳᵉ D. C., le 5ᵉ dragons, au nord de
Athies (prisonniers).

Rouy et *Béthencourt* semblent tenus par des fantassins.

II — *Artillerie.*

Voir croquis nº 1 donnant les batteries repérées.

III — *Organisations.*

Voir croquis nº 1.

IV — *Mouvements de l'ennemi le 16.*

12 heures. — Colonne de camions (poussière, rapidité) vue à
12 heures sur la route *Saint-Quentin—Ham* un peu au nord de Ham
(aviation).

12 h 45. — Colonne de voitures venant de l'est, vue à hauteur
de Courtemanche, à l'est de *Voyennes*, en marche sur cette localité.
Elle s'arrête à 14 h 50 le long de la route *Courtemanche—Canizy*
(aviation).

15 heures. — Mouvement de petits groupes de fantassins à
15 heures de *Voyennes-sur-Rouy* et *Buny* (observation terrestre).

17 heures. — Aucun ennemi sur l'*Omignon* — rien vers *Devise* et
Athies — cavalerie ennemie au nord de l'*Omignon* (un prisonnier du
5ᵉ dragons) (cavalerie).

18 heures. — Rien à *Monchy-Lagache* ni à *Flez* (cavalerie).

20 heures. — Coups de fusil-mitrailleur devant *Guizancourt* (cavalerie).

V — *Unités en arrière du front.*

Une division est arrivée dans la région de *Ham* (probablement
la 83ᵉ).

Des troupes de toutes armes (?) ont commencé à débarquer à
Saint-Quentin le 15.

VI — *Composition des unités identifiées.*

22ᵉ D. I.
1ʳᵉ D. C.   } pour
83ᵉ D.   } mémoire.
XVIIIᵉ C. A. (auquel appartient le 5ᵉ dragons) }

Au bulletin de renseignements étaient annexés, pour la division de cavalerie :

1° *Un résumé de l'interrogatoire du prisonnier du 5e dragons*, ainsi conçu :

« Le 5e dragons appartient au 18e corps; ce corps d'armée a débarqué vers *Cambrai* du 13 au 14 mai.

Le 5e dragons a couché le 15-16 à *Aizecourt* (probablement le Haut) (6 km. nord de Péronne) et a marché sur Péronne. Le peloton du prisonnier a quitté le gros du régiment avant d'arriver à *Péronne*, a passé à *Doingt*, puis a pris une grand'route.

Le 5e dragons devait aller à *Chaulnes* et le peloton du prisonnier le rejoindre par *Athies* et vraisemblablement le nord de *Nesle*.

Le prisonnier a vu à *Péronne* des fantassins débarquer des camions autos. Il ne sait pas d'où ils venaient. Il n'a pas vu leur numéro, mais ils avaient à leur casquette une cocarde noire, blanche et rouge et une autre rouge et jaune.

2° *Deux radios en clair, tronqués, captés par la division de cavalerie*, dont on avait pu extraire les textes suivants [1] :

18 heures. DR de PX, IKD occupe ponts... Somme et... Ingon;... forces trop faibles pour tenir longtemps (?). Avons perdu les ponts de *Epenancourt* et *Falvy*. L'ennemi patrouille sur la rive est de la Somme; danger d'être débordés sur la droite... repli prévu pour la nuit prochaine; demande renforts ainsi que ordres et renseignements.

19 heures. PX PX PX... PX... KD... PX, tenir jusqu'à demain, 2 bataillons 15e division et groupe obusiers... Matigny... engagement du... demain après-midi... relève... sans délai.

Principe de la méthode d'enseignement

On a le choix entre plusieurs méthodes :

1° L'une, qui tient jusqu'à un certain point de l'*empirisme*, consiste à mettre en garde les élèves contre les fautes les plus généralement commises, et à leur donner en quelque sorte un memento des cas qui peuvent se pré-

---

[1] Textes rédigés en allemand.

senter, avec la manière de les traiter. Au point de vue pratique d'un exercice sur un cas concret, cette méthode est expéditive; elle facilite la tâche du directeur et le travail des élèves. Mais elle présente l'inconvénient capital de ne pas obliger l'élève à raisonner. La mémoire presque seule agit au détriment de la réflexion et du jugement.

2° Une deuxième méthode est dite expérimentale; elle se propose de jeter, dès l'abord, l'élève dans le cas concret, de lui laisser commettre quelques erreurs ou maladresses et de les sanctionner *sur-le-champ* en lui en montrant les résultats ou les conséquences. Cette méthode est supérieure à la première, parce qu'elle force la réflexion et forme le jugement. Mais l'application en est malaisée, pour les raisons ci-après :

a) Rien ne peut être préparé à l'avance; en effet, la sanction des fautes commises ne peut avoir lieu que comme conséquence d'ordres à rédiger par les stagiaires; or, ces ordres ne peuvent être donnés qu'au fur et à mesure de la succession des événements;

b) Le travail qui incombe, en conséquence, à la direction est énorme, si l'on veut varier les cas, à moins qu'on se borne à ne traiter qu'une même question à la fois, ce qui allonge démesurément les séances;

3° Une troisième méthode tient des deux premières, dont elle ne prend que le côté pratique. C'est celle qui fut adoptée en 1924 et 1925 au 14e corps d'armée. Elle consiste :

a) A faire préparer à l'avance par les stagiaires une partie du programme à remplir (méthode expérimentale). Une étude critique des travaux a lieu, au cours de laquelle le directeur fait ressortir les fautes commises; il sanctionne ensuite ces fautes à la première occasion, puis fait recommencer les travaux sur une nouvelle base, qu'il suggère, tout en discutant les solutions que les élèves pourraient proposer;

b) A préparer à l'avance, à la direction, le détail des événements, de façon à laisser au directeur la conduite de la manœuvre.

Cette méthode a l'avantage :

1° De permettre de travailler à la manœuvre à tête reposée, en toute tranquillité et d'en bien fixer les détails;

2° Par le fait même que les travaux sont examinés en séance et discutés, l'esprit critique ne perd pas ses droits;

3° La sanction des fautes commises subsiste néanmoins, en ce sens que le directeur peut toujours, à tout moment, au cours des événements, faire toucher du doigt une erreur, une omission, que les événements eux-mêmes mettraient en évidence.

Partant de ces données les travaux ont été conduits au 14ᵉ corps d'armée de la façon suivante :

Travaux préparatoires à l'exercice sur la carte

Ces travaux concernaient les officiers de renseignements et la division.

Travail des officiers de renseignements

Il s'agissait :

— d'étudier la situation et les ordres donnés;

— d'établir les directives et ordres pour la recherche des renseignements. Ce travail devait se faire à domicile, avant la convocation pour le stage, de façon à donner à la Direction le temps matériel de le corriger avant le commencement de l'exercice en salle.

Chaque officier, travaillant pour son propre compte, devait fournir tout le travail qui lui était demandé, suivant la fonction qui lui incombait d'après la répartition en groupes de travail. Aucune communication n'était nécessaire entre les officiers d'un même groupe ou d'un même régiment de manœuvre. D'autre part, comme il était impossible aux officiers de renseignements des régiments d'exécuter leur travail en fonction des ordres donnés par le 2e Bureau de la division, il était convenu que ces officiers se borneraient à étudier la situation d'ensemble faite à leur régiment, à organiser leur service de renseignement régimentaire et à établir par écrit :

— un plan d'observation,

— un ordre pour le recueil et la transmission des renseignements.

A cet effet, les indications données dans le dossier préparatoire étaient ainsi libellées :

a) *Officiers de renseignements du 41e ou 72e régiment*
(les seuls étudiés).

Décrire ses déplacements et suivre son activité depuis le 16 au soir jusqu'au 17 soir.

Organisation du service dans le régiment.

Travail de bureau, déplacements à l'extérieur.

Ordres donnés : Définir la nature des renseignements à recueillir par les éléments d'observation terrestre dans la nuit du 16 au 17.

N.-B. — On suppose que les 41e et 72e régiments ont chacun 2 bataillons en première ligne (Voir croquis n° 2).

b) *2e Bureau de la 32e division.*

Examen de la situation le 16 au soir devant le front de la division.

Organisation du service de renseignements dans la division.

Ordres donnés pour la nuit du 16 au 17 et la journée du 17.

Mesures à prévoir en vue de l'attaque du jour J. — Renseignements à chercher. — Besoins à satisfaire. Travail de bureau et déplacements à l'extérieur.

c) *2e Bureau de la 6e D. C.*

Examen de la situation le 16 au soir.

Étude des moyens à mettre en œuvre pour assurer les missions confiées à la division pour le 17. Plan de recherches.

Ordres donnés.

Organisation du service de renseignements. Plan de transmissions.

Emploi de l'observation terrestre (plan d'observation).

Activité de l'officier du 2e Bureau de la D. C.

d) *Officiers de renseignements des régiments de cavalerie.*

1° *Cuirassiers* (Voir croquis n° 2) :

Examen de la situation le 16 au soir.

Organisation du service dans chaque régiment.

Renseignements à recueillir. Ordres donnés aux éléments d'observation.

Études des moyens de transmission.

Suivre les déplacements de l'officier de renseignements.

2° *Détachements de découverte* (dragons sur *Péronne*; légère sur *Saint-Quentin*).

Rôle de l'officier de renseignements du détachement de découverte. Son activité. Étude et utilisation des moyens d'investigation et de transmission.

Liaison avec l'aviation de la division de cavalerie.

*
* *

Le travail préparatoire des officiers était motivé par les considérations suivantes :

Le but du stage d'application est de faire étudier particulièrement les points suivants :

1° Une *partie matérielle et technique*, comprenant la tenue à jour des documents et des cartes, la discrimination et l'interprétation des renseignements, la rédaction d'une synthèse;

2° Une *partie tactique*, c'est-à-dire l'étude des besoins du Commandement, l'orientation en conséquence des recherches.

La première condition à remplir, tout d'abord, est de se bien pénétrer de la situation et de définir l'ennemi reconnu; c'est ce que nous appellerons « *asseoir* » le service de renseignements, fixer la base du départ des recherches.

C'est pourquoi le travail préparatoire des officiers doit comprendre, en premier lieu, une étude de la situation. Nous en reparlerons au moment de la critique des travaux.

Le deuxième point est de bien comprendre la mission

confiée à l'unité qu'on représente, et de définir les moyens de l'exécuter.

Il y a là un petit problème tactique à résoudre, pour lequel la Direction doit indiquer l'orientation nécessaire, suivant l'allure qu'elle veut donner à la manœuvre; c'est ce qui fut fait dans le dossier distribué. Ce problème est d'ailleurs généralement simple, mais il faut le faire étudier par les officiers stagiaires, pour les amener à se convaincre que c'est la résolution de ce problème, c'est-à-dire la décision du Commandement, qui va faire naître les besoins et déclencher les recherches.

Demander aux officiers de renseignements d'étudier tout d'abord la solution à donner au problème posé, c'est donc les mettre dans l'obligation de subordonner, dans le temps, leur activité au choix de cette solution; c'est poser dans leur esprit le principe de la recherche, organisée comme conséquence d'une volonté; c'est leur apprendre à raisonner leur action suivant les seuls besoins du Commandement.

Tel était le but du travail préparatoire, dont nous venons d'exposer le détail.

Travail préparatoire de la Direction

Nous avons dit plus haut qu'il était indispensable de préparer l'exercice sur la carte dans tous ses détails. A cet effet, la Direction, après avoir arrêté la succession des événements de la manœuvre, rédige les renseignements de toutes sortes qu'elle estime nécessaires pour donner normalement à cette manœuvre, par l'étude et l'interprétation du renseignement, l'allure qu'elle prétend lui donner, et fournir en même temps aux officiers une provision d'informations suffisante pour leur permettre de faire une ou plusieurs synthèses raisonnées de la situation.

Il s'agit donc d'étudier, au préalable, le *détail* des événements et de *préparer*, dans le cadre de ces événements, et *pour chaque organe exploitant* (2e Bureau, régiment) un lot d'informations de natures diverses, à leur distribuer suivant un horaire établi à l'avance et calculé de manière à parcourir dans le temps voulu tout le cycle des opérations projetées, sans lasser l'attention des officiers, mais sans non plus les laisser trop inoccupés. Car, à côté de la partie technique et pratique à leur inculquer, il est essentiel de ne pas oublier le point de vue vulgarisation, si l'on peut dire, afin de leur montrer, ce que les trois quarts des officiers méconnaissent, que le 2e Bureau doit être une officine de travail en perpétuelle gestation, en incessante activité d'esprit, dont le rôle n'est pas seulement de *constater* et d'*enregistrer*, mais de *prévoir* et de *rechercher*.

Parmi les officiers venus en 1924 et 1925 au stage du 14e corps d'armée, le plus grand nombre [1] ignoraient tout de la question renseignements; beaucoup se figuraient que la fonction d'officier de renseignements n'est pas suffisante pour absorber l'activité d'un officier. Le stage accompli les a convaincus du contraire, leur a ouvert des horizons complètement nouveaux, démontrant par là dans quelle ignorance de la question on se trouve généralement dans les corps de troupe. Les travaux pratiques, exécutés dans la période d'application du stage, ont très vivement intéressé les officiers.

L'attrait d'un travail nouveau, tout de raisonnement et de jugement, l'importance de la recherche du renseignement, les décisions à prendre en temps opportun, les synthèses à faire, la tenue de cartes claires et parlantes en vue de renseigner le Commandement, enfin la discussion et les sanctions pratiques de leurs travaux, leur ont montré combien il est important de connaître un service, dont la compréhension juste et l'exécution judicieuse seront souvent la meilleure sauvegarde de la vie de leurs hommes.

---

[1] Deux officiers seulement avaient déjà rempli en campagne les fonctions d'officier de renseignements.

Programme de l'exercice sur la carte (¹).

PREMIÈRE SÉANCE

Le plan de recherches

Emploi du temps.

a) Étude de la situation le 16 mai au soir;

b) Programme de recherche permanent dans l'hypothèse d'une stabilisation momentanée de la division. Programme spécial de recherche à l'opération du jour J. Établissement des besoins.

En conséquence :

32e D. I. — Rédaction des ordres donnés en vue de la recherche des renseignements.

6e D. C. Rédaction des ordres donnés pour les opérations du 17.

c) Réception et étude de renseignements recueillis dans la nuit du 16 au 17.

Pour ne pas trop allonger cette étude, nous n'étudierons ici que ce qui concerne la 32e division.

A — Étude de la situation

Critique des études préparatoires (une demi-heure).

Ces études étant la base du travail de la séance, le directeur de l'exercice en fit tout d'abord un exposé critique. Cet exposé avait un double but :

1º Discuter avec les officiers la situation et les ordres donnés; montrer les erreurs commises.

2º Préciser la solution qui serait adoptée comme base de travail pour l'exercice.

(¹) Ce programme comportait l'étude des points suivants :
— Le plan de recherches;
— La transmission et l'étude du renseignement; l'observation sous ses formes diverses;
— Synthèses et comptes rendus;
— Diffusion du renseignement. Rôle du 2e Bureau pendant l'attaque.

Commentaires. — L'étude de la situation a donné lieu aux observations suivantes :

1. La plupart des officiers ont commenté cette situation dans son ensemble, vue d'un échelon trop élevé, au lieu de se cantonner dans leur sphère d'action réduite et de se limiter au seul point de vue de leur unité. La conséquence était fatale.

Voulant voir trop haut sans en avoir les éléments, ils ont été amenés à faire des hypothèses, sur lesquelles ils ont échafaudé un programme, au lieu de diriger leurs recherches suivant leurs seuls besoins. Négligeant, en outre, de résoudre en premier lieu le problème tactique qu'on leur posait, ils ont commencé par vouloir faire un exposé complet de la situation de l'ennemi; et comme elle présentait des lacunes, voulues par le directeur, ils ont fait œuvre d'imagination, et d'une situation encore trop imprécise, ils ont tiré des conclusions trop hâtives. C'est là l'écueil le plus fréquent chez les débutants; faire preuve d'imagination dans la recherche est un bien, mais en montrer dans l'interprétation constitue la pire des fautes.

La question se posait beaucoup plus simplement à l'échelon Division et au régiment, et se résolvait par le recensement et une simple nomenclature des renseignements recueillis; il fallait constater ceux qui manquaient (c'étaient les besoins) et en déduire les recherches à poursuivre.

Le directeur rappela encore, à ce sujet, que le premier travail à faire était d'établir cette nomenclature, de définir la base de départ des recherches, en faisant le bilan de la connaissance qu'on peut avoir de l'ennemi, devant le front, avec les renseignements qu'on possède.

Les suites de l'erreur commise étaient inévitables; ne sachant pas exactement ce qu'il fallait chercher, les ordres donnés ont été en général imprécis; trop de dissertations et pas assez de choses concrètes.

2. Les officiers de renseignements devaient établir,

en outre, *un plan d'observation* et *un exposé de leur activité* au bureau et sur le terrain.

Ces questions, plus objectives, étaient généralement mieux traitées. Le directeur crut devoir cependant relever les trois points suivants :

1° Un certain nombre d'officiers avaient oublié la liaison des observatoires avec le commandement; d'autres avaient préparé une liaison optique entre observatoires, au détriment des transmissions à assurer avec les P. C., dont relevaient directement ces observatoires. Le directeur revint, à ce sujet, sur l'importance des transmissions et sur la nécessité, pour les officiers de renseignements, de prévoir un plan de transmission, en même temps que leur plan de recherches et leur plan d'observation. Il leur relit à ce sujet, dans l'Instruction du 2 novembre 1922 sur l'Observation, le chapitre III du titre VIII, articles 157 à 167.

2° En ce qui concerne l'activité de l'officier de renseignements, la plupart des exposés manquaient généralement d'objectivité. Certains dissertaient, sans préciser *quels documents* ils avaient à établir, *quelles cartes* ils devaient tenir. Ce furent les mêmes officiers, du reste (et c'était la logique), qui, ayant omis de fixer sur leurs cartes la base de départ de leur travail, n'avaient pas su non plus préciser leurs recherches. D'autres, qui avaient songé à prendre contact avec les unités voisines ou subordonnées, ne s'étaient pas souciés d'étudier les moyens pratiques d'assurer cette liaison. Cette étude demandait qu'on entrât dans le détail, en tenant bien compte des circonstances (zones bombardées, nuit, éloignement du front, etc...).

3° Enfin quelques officiers n'avaient pas compris la nécessité de l'ingérence de l'officier de renseignements dans l'exécution de certaines opérations de détail (envois de patrouilles, interrogatoires à leur rentrée, désignation des points sur lesquels faire des coups de main, etc...).

B-1 — Plan de recherches

Tenant compte des observations ci-dessus, les officiers des divisions devaient rédiger séance tenante un nouveau programme de recherches, répondant aux besoins généraux du Commandement (¹) (plan de recherches permanent) (une demi-heure).

Le directeur, discutant les besoins de la division d'infanterie, attira l'attention sur la permanence de la recherche de certains renseignements, destinés dans les débuts à sortir le Commandement de l'incertitude, et, par la suite, à compléter sa documentation. Dans le cas concret envisagé, il fit remarquer que, avant de chercher à savoir ce que pouvait faire l'ennemi, il fallait d'abord savoir quel il était, c'est-à-dire sa nature, sa force, son dispositif sur le terrain. Les éléments de cette recherche se trouvaient dans le bulletin de renseignements, savoir :

32e D. I. (²). — *Ordre de bataille.* — Entre le bois de *Champien* et *Biarre* aucune identification. Il fallait en avoir.

Artillerie. — Le croquis n° 1 donnait quelques emplacements d'artillerie devant l'ancien front de la division, entre *Ognolles* et *Moyencourt*, mais la situation restait imprécise, puisque sur dix-sept emplacements d'artillerie repérés, neuf seulement étaient situés par la photo. D'où programme photographique.

D'autre part les renseignements sur l'artillerie ennemie entre *Moyencourt* et *Nesle* étaient très insuffisants.

Organisations. — Les premiers renseignements photographiques, situant des organisations ennemies, étaient encore insuffisants pour permettre au Commandement de se faire une idée nette de la façon dont l'ennemi paraissait vouloir se comporter. Il fallait compléter le programme photographique.

Ces trois questions bien comprises, le directeur mit au point le plan définitif de recherches permanent (notam-

------

(¹) Se reporter à ce sujet à notre ouvrage sur le fonctionnement d'un 2e Bureau en campagne (p. 6).
(²) La même étude était faite également pour la 6e D. C.

ment les ordres à donner à l'aviation), suivant lequel les renseignements seraient fournis au cours de l'exercice, ainsi que les moyens à mettre en action (opérations de détail sur les premières lignes ennemies, missions photos, organisation de l'observation terrestre et aéronautique). Nous exposerons plus loin les renseignements fournis et l'étude qui en fut faite.

Le plan de recherches définitif fut ensuite lu à haute voix (¹) aux officiers de renseignements des régiments; ces officiers en tinrent compte pour la mise en train de leur service; un quart d'heure leur était laissé pour remanier au besoin les bases de leur travail.

Le directeur traita ensuite le troisième point inscrit au programme de la séance, c'est-à-dire les

B-2 — Besoins spéciaux à l'opération du jour J

L'attention des officiers fut tout d'abord attirée sur la distinction, qu'il y a lieu de faire, entre le *plan général de recherches* et le *plan particulier* à une opération donnée. Ces dénominations, entre lesquelles il n'est pas toujours possible de faire une distinction, et qui se confondent parfois au point de vue de l'exécution, risquent de jeter la confusion dans l'esprit des officiers, si on ne leur explique pas très nettement de quoi il s'agit dans les deux cas.

A première vue, il semblerait qu'il y a pour un 2ᵉ Bureau deux catégories de renseignements à chercher, les uns en tous temps, les autres dans certaines circonstances seulement. Voici comme il faut comprendre la question, qui se résume, en somme, par un ordre d'urgence.

___

(¹) Ceci, de façon à gagner du temps et à éviter aux 2ᵉˢ Bureaux de D. I. de reproduire ce plan de recherches à autant d'exemplaires que de groupes d'officiers de renseignements des régiments dépendant de la division d'infanterie.

Lorsque deux armées sont au contact et que, en attendant le moment favorable, elles restent encore l'une et l'autre sur la défensive, lorsque le Haut Commandement n'a pas encore pris de décision ferme sur l'emploi de ses forces et qu'il se tient momentanément en attente, le 2e Bureau, actionné par le chef, ne reste pas inactif; il va, comme on l'a déjà expliqué plus haut, chercher à se documenter de son mieux sur l'ennemi qui fait face; il recherchera des renseignements de toutes catégories (¹), qui lui permettront de dire au Commandement : voilà la situation connue de l'ennemi (forces, leur nature, leur valeur, leur dispositif, leur emploi possible ou probable s'il y a lieu). Ces renseignements constituent le catéchisme du 2e Bureau; quelles que soient les circonstances, il aura à les chercher, car c'est le propre de son métier. C'est pourquoi on a pris l'habitude d'appeler *permanent* le programme ou plan général de recherches qu'il établit en conséquence du plan général de renseignements.

Mais à partir du moment où le Commandement se décide à monter une action, il faut bien qu'il se rende compte des réactions possibles de l'ennemi, en vue d'y parer (²). Dans ce but, il aura *plus particulièrement* à porter son attention sur les possibilités *dynamiques* (³) de l'ennemi pour le cas concret qui se pose; il établira dans ce but un programme de recherches nouvelles, spécial à l'opération envisagée, c'est-à-dire un *plan particulier de renseignements*.

Prenons, par exemple, la bataille de la Marne en 1914. Pendant toute la retraite, depuis la frontière jusqu'à

(¹) C'est-à-dire qu'il s'efforcera de répondre aux questions que le chef aura posées et qui sont exposées dans le *plan général de renseignements*.

(²) Voir l'Instruction sur l'emploi tactique des grandes unités, titre III, chapitre I, article 2-§ 66.

(³) Ce qui ne veut pas dire qu'avant de « prendre une décision ferme », le Commandement n'aura pas cherché à se rendre compte des possibilités ou actions probables de l'adversaire. A tout moment, et quelle que soit la situation, le Commandement a besoin de connaître l'ennemi, et dans sa situation (statique) et dans ses possibilités d'action (dynamique).

l'arrêt des troupes françaises, les 2es Bureaux des armées
en retraite se sont efforcés de connaître au jour le jour
la situation des armées allemandes. Mais, en prévision
de la reprise de l'offensive, le Commandement français
devait se préoccuper de savoir quelle serait l'économie
de la manœuvre de l'adversaire, où serait le centre de gra-
vité de ses forces, où il voudrait chercher une décision,
que les renseignements déjà recueillis faisaient prévoir devoir
se produire à son aile droite. La surveillance des voies
ferrées prenait, de ce fait, une importance primordiale,
et tout mouvement de train signalé de l'est à l'ouest
accréditait l'idée d'un transport de forces, qui ne pouvait
que confirmer le Commandement français dans la certi-
tude d'une tentative d'enveloppement du côté de Paris.
De même, la Ire armée française, qui s'était stabilisée sur
le front de la Meurthe, où elle avait arrêté les attaques
allemandes, n'avait pas manqué de rechercher la situation
statique et les possibilités dynamiques de l'ennemi immo-
bilisé (plan général de renseignement). Mais, orienté par
le Grand Quartier général sur les intentions probables
du Haut Commandement allemand, son 2e Bureau devait,
lui aussi, dans ces circonstances spéciales, scruter le terrain en arrière du front, et explorer les voies ferrées, pour
se rendre compte si l'ennemi dégarnissait son front en
Lorraine et embarquait des troupes (plan de recherche
particulier à l'opération en cours).

A mesure qu'on descend vers les grandes unités subordonnées, la distinction entre le plan général et le plan
particulier à une manœuvre donnée subsiste. Malgré que
les moyens d'investigation de la division, par exemple,
soient assez réduits, et limités au front, ils seront néanmoins
généralement suffisants pour permettre l'étude des questions spéciales à une opération donnée, car ce sera alors
surtout en vue de l'étude des organisations et du terrain
que seront entreprises les recherches.

Pour bien faire pénétrer dans l'esprit des officiers cette

idée que le 2e Bureau doit *spontanément* chercher, en toutes circonstances, les renseignements sur la situation *statique* et les possibilités dynamiques de l'ennemi, et en outre orienter ses recherches plus *objectivement* en vue d'une opération donnée, le directeur étudia le cas particulier à l'exercice et donna les explications suivantes :

Si la 32e division s'était stabilisée, et si aucune action de sa part n'avait été envisagée, le 2e Bureau aurait eu à perfectionner chaque jour sa connaissance de la situation *statique* de l'ennemi; cette connaissance aurait été le résultat de l'exécution du plan général de recherches, dont nous avons exposé l'économie plus haut.

Mais admettons que le Commandement ait pris la décision de faire attaquer, le 18, la 32e division sur le front *Billancourt—Cressy*, direction générale : *Breuil—Hombleux*.

Il ne s'agit plus alors de s'installer sur le terrain; il faut monter *pour le surlendemain* une attaque sur le front *Billancourt—Cressy*. Supposons que le commandement de la 32e division se fixe, d'après l'étude qu'il a faite du terrain, la localité de *Billancourt* comme premier objectif à enlever. Tout d'abord il y a un problème tactique à résoudre : où fera-t-il effort? droit sur *Billancourt*, par le nord ou par le sud de la localité?

Or, si nous examinons le calque n° 1, qui donne les organisations connues le 16 au soir, nous remarquons que :

1° Les lisières ouest et sud-ouest du village de *Billancourt*, qui barrent les routes de *Rethonvillers* et de *Biarre*, sont organisées défensivement (une ligne de tranchées avec mitrailleuses);

2° Entre *Billancourt* et *Cressy* existe une ligne de tranchées interrompues, à contre-pente de la croupe 88 (imparfaitement connue);

3° La lisière ouest du village de *Cressy* est organisée. Le village est flanqué au sud, comme au nord, par une série de tranchées;

4° Enfin pour toute la partie de *Billancourt*, qui se trouve au sud de l'église, et qui est à contre-pente, les photos manquent ou n'ont rien révélé.

L'intention première du commandement de la division d'infanterie est d'essayer d'enlever d'abord avec le 41e régiment le plateau 88, sur lequel il faut déployer des moyens puissants (artillerie, chars et dont la conquête permettra de prendre Billancourt à revers). Cette attaque principale sera flanquée par des attaques secondaires sur *Billancourt* (41e régiment) et *Cressy* (72e régiment). Telle est la décision prise. En conséquence de cette décision et compte tenu des renseignements déjà obtenus, quels sont les besoins à satisfaire?

1º Chercher, en vue de leur neutralisation ou leur destruction, aux lisières nord de *Cressy* et sud de *Billancourt*, les moyens de flanquement qui pourraient prendre d'écharpe, puis de flanc l'attaque principale;

2º Étudier le détail des organisations à contre-pente de la cote 88.

D'où *ordre de mission à l'aviation* :

Photographier dès le 17 matin avec appareil à grand foyer tout le front *Billancourt—Cressy* (première urgence), de façon à pouvoir, au plus tôt et dans la journée du 17, renseigner le Commandement sur la possibilité de son entreprise et avertir la troupe des obstacles qui l'attendent.

Un deuxième point était à examiner, concernant l'orientation de la contre-batterie. Pour combattre efficacement et d'emblée les batteries ennemies qui peuvent avoir action sur le front *Billancourt—Cressy*, il faut tout au moins connaître leurs emplacements. Or, le 16 au soir, une seule batterie en action, 5377 (Voir croquis nº 1), a été photographiée au nord de *Breuil*. Aucune autre n'a été repérée dans la zone qui paraît devoir être intéressante, la zone *Languevoisin—Breuil—Moyencourt*. Il convient de donner également à l'aviation la mission de photographier cette zone.

Que la 32e division continue à avoir la libre disposition d'une escadrille, ou, ce qui est plus probable, que le commandement de l'aéronautique du corps d'armée s'en réserve l'emploi suivant les ordres du Commandement, toute l'aviation du corps d'armée sera vraisemblablement rassemblée sur le même terrain, et recevra du 2e Bureau du corps d'armée, en bloc, les missions photos à exécuter le 17. La question ne se pose donc pas de délimiter les zones d'action des reconnaissances de division ou de corps d'armée, puisqu'une même autorité réglera l'emploi des avions.

Ces explications données, les officiers des 2es Bureaux de division d'infanterie furent invités à rédiger l'*ordre de mission photographique* à donner à l'aviation.

Les considérations qui précèdent, et qui furent exposées avec encore plus de détails (1) par le directeur du stage, étaient destinés à montrer que les recherches devaient bien être orientées en vue de l'opération prévue pour le 18. C'est, du reste, de cette façon que le 2e Bureau opérera généralement, lorsque les forces en présence ne se seront pas stabilisées sur un front fortifié; et ce sera le cas le plus général. Dans le cas envisagé, alors qu'il faut aller au plus pressé, tous les efforts doivent être d'abord purement objectifs. Si le temps imparti pour les recherches est court, il n'y a pas lieu de s'en étonner. On devra se contenter des renseignements qu'on pourra recueillir, dans le temps dont on pourra disposer, ce qui n'empêchera pas le Commandement de prendre une décision et de donner des ordres dès le 17, même s'il est insuffisamment renseigné. Il lui appartient, dans ce cas, tout en employant ses forces suivant la situation particulière du moment, de régler son dispositif (2) et de prévoir la liaison des armes, de façon à pallier dans la mesure du possible à l'insuffisance de renseignements, dont il doit pourtant, dans les circonstances actuelles, savoir se contenter.

---

(1) En particulier le directeur insista sur la nécessité d'organiser des coups de main pour faire des prisonniers, connaître le dispositif des troupes, les emplacements des soutiens et réserves, de scruter le terrain sur les photos, d'étudier en un mot le jeu possible de la défense adverse.

(2) Voir Instruction sur les grandes unités, p. 46, art. 66.

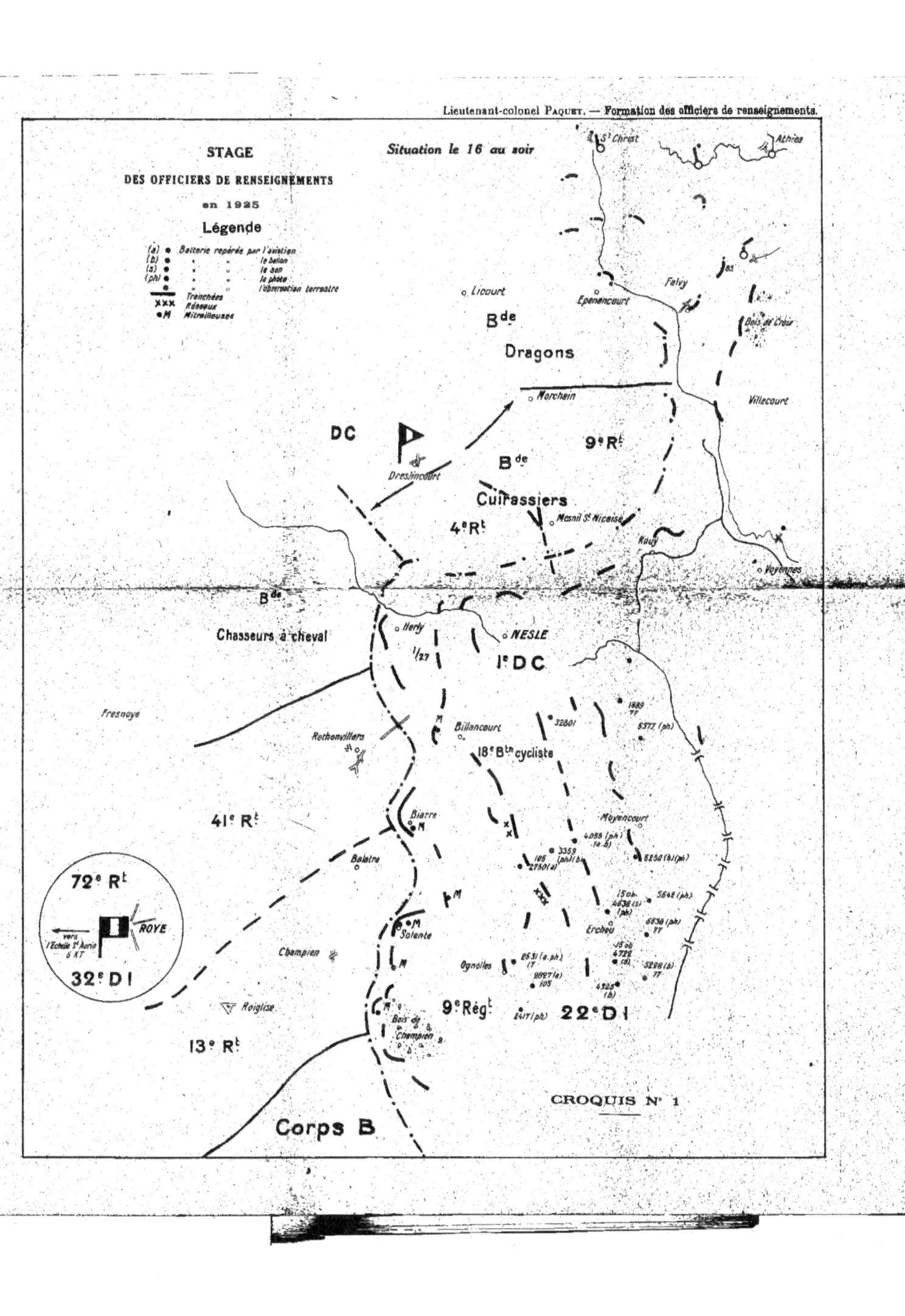
STAGE
DES OFFICIERS DE RENSEIGNEMENTS
en 1925
Légende
(a) Batterie repérée par l'aviation
(b) le ballon
(s) le son
(ph) la photo
l'observation terrestre
Tranchées
Réseaux
Mitrailleuses
Situation le 16 au soir
S' Christ
Athies
Licourt
Epenancourt
Falvy
Bois de Crux
B de Dragons
Morchain
Villecourt
DC
9e Rt
Dreslincourt
B de Cuirassiers
Mesnil S' Nicaise
4e Rt
Rouy
Voyennes
B de Chasseurs à cheval
Herly
NESLE
Fresnoye
Rethonvillers
Billancourt
1/27
1re DC
32801
6377 (ph)
18e Bth cycliste
Moyencourt
41e Rt
Biarre
4085 (ph) (a-b)
6250 (b)(ph)
Balatre
3359 (ph)(b)
2750 (a)
105
72e Rt
15 ob. 4638 (s) (ph)
5642 (ph)
ROYE
5838 (ph)
Ercheu
15 ob. 4728 (s)
5298 (s)
Solente
2531 (a, ph)
Champien
9967(s)
105
4325 (b)
32e DI
Ognolles
Roiglise
Bois de Champien
9e Régt
2417(ph)
22e DI
13e Rt
CROQUIS N° 1
Corps B

Le plus souvent, à la guerre, il faudra se décider sur des renseignements incomplets; l'action ne peut être retardée faute de renseignements. Il est évident que moins on sera renseigné, plus il faudra de souplesse dans la manœuvre et plus cette manœuvre sera délicate. Mais si le 2e Bureau est bien orienté, et en temps utile, par le chef, il aura le temps de mettre en œuvre ses moyens d'investigation, de centraliser et de discriminer les renseignements recueillis, d'en faire enfin la synthèse, avant que le chef ait pu prendre sa décision définitive. Pendant tout le temps, qui s'écoulera entre la remise de la synthèse en question et l'heure H, le chef du 2e Bureau pourra contrôler ses informations, les compléter et préparer la manœuvre suivante. Le rôle essentiel du Commandement sera donc, en matière de 2e Bureau, comme pour tout le reste d'ailleurs, *de prévoir*. Cette nécessité de prévoir, qui est à la base de tout le service de renseignements, fut nettement mise en lumière par le directeur du stage. *Prévoyance, initiative, activité,* telles sont les conditions nécessaires au bon rendement d'un 2e Bureau.

C — Réception et étude des renseignements recueillis dans la nuit du 16 au 17

Ce travail constituait la dernière partie de la première séance.

Il avait pour but :

1o De donner aux officiers le résultat de leurs recherches;

2o De leur permettre l'établissement d'une synthèse;

3o De tenir à jour leurs cartes et documents divers.

De cette dernière partie du travail nous ne disons rien; nous engageons le lecteur à se reporter à notre ouvrage : *Le Service de Renseignements en Campagne*, où il trouvera la question exposée en détail.

La Direction avait préparé à l'avance un certain nombre de papillons, comportant des renseignements répondant à la situation et aux conséquences de la décision, que le directeur avait donnée comme base de départ des recherches.

Les renseignements destinés aux régiments étaient distribués en même temps aux divisions, dans le but de gagner du temps (¹).

Cette méthode confirmait les indications qui avaient été données aux officiers dans la conférence sur la transmission des renseignements, à savoir : *téléphoner sans délai à la division tout renseignement important recueilli*. Dans la réalité, la division devait donc avoir connaissance des renseignements intéressants du front, bien peu de temps après les régiments. Nous donnons ci-après, comme exemple, les renseignements de la nuit du 16 au 17, dont quelques-uns avec commentaires, pour montrer comment on peut les étudier.

1° *Un document* trouvé sur un prisonnier égaré et capturé à 1 kilomètre est de Balâtre, dans la nuit du 16 au 17 à 22 heures. Ce document, rédigé en allemand, avec abréviations réglementaires, donnait, après traduction, le texte suivant :

21ᵉ régiment bavarois, 3ᵉ compagnie. 16 mai. Par coureur au chef du peloton commandant le poste A.

La compagnie occupe le sous-secteur 1 de la position B. Le lieutenant X... établira en avant de son poste un réseau de postes d'écoute, qui seront chargés de repousser les patrouilles ennemies. En particulier le poste n° 2 devra prendre ses dispositions pour éventer et interdire toute approche de l'ennemi par le chemin d'Omencourt, au nord du poste. Il avertira le poste n° 1 lorsqu'il fera sortir des patrouilles.

Il est de la plus grande importance pour l'achèvement des travaux de la position B d'exécuter strictement la consigne au sujet de l'établissement des postes avancés. Le lieutenant X... donnera en

---

(¹) Néanmoins les officiers de renseignements des régiments utilisaient tous les renseignements reçus pour leur compte rendu à la division.

temps utile les ordres pour le repli de la ligne avancée dans le sous-secteur 1 ; il utilisera à cet effet des fusées blanches.

Demande de tir de barrage : 3 fusées rouges.

Commentaires. — Le document ci-dessus avait été remis par la Direction aux officiers du 72e régiment (secteur de Balâtre). Il leur donnait les renseignements ci-après :

1º *Ordre de bataille* (à inscrire sur la carte et sur le carnet d'identifications) :

— Un prisonnier de la 3e compagnie du 21e régiment bavarois (2e division) ;

— Confirmation de la présence de la 22e division bavaroise devant la 32e division ;

— Identification d'un régiment non encore identifié de cette division dans un secteur, où l'on n'avait encore aucune identification ;

— Identification encore vague d'une position B en cours d'organisation ;

— Fixation du repli des avant-postes au moyen de fusées blanches.

L'interrogatoire du prisonnier permettrait vraisemblablement de définir d'une façon plus précise la ligne des avant-postes et la position principale de résistance (position B). Cet interrogatoire devait être distribué aux officiers intéressés (Voir 2e séance), après qu'ils eurent rédigé un questionnaire comportant les renseignements qu'ils demandaient. Ce questionnaire fut discuté et un départage fut fait entre les questions qui doivent être posées au régiment et à la division.

Nous passons sur le détail des commentaires, qui furent faits sur le document, et qui avaient pour but de montrer aux officiers comment on dissèque un renseignement, en faisant état de ce qu'on sait déjà, et en se gardant de toute hypothèse bénévole sur les conséquences des faits constatés. Tout au plus les hypothèses à émettre doivent-elles constituer une base en vue d'une investigation plus approfondie.

2° *Écoutes téléphoniques* ([1]). — *a)* Pour la division seulement :

Le poste d'écoute installé devant *Solente* ne donne plus rien.

b) Pour la division et le 72ᵉ régiment :

Un poste, installé à 21 heures devant *Biarre* par le 72ᵉ, permet de capter à 22 h 30 quelques bribes de conversation sans signification apparente :

Parfaitement... Annois... position (?) C (dans le **texte** Stell... C) 1 1/2... appels..... jurons.

A partir de minuit, on n'entend plus rien.

Commentaires. — Le directeur fit remarquer aux officiers la concordance qui semblait exister entre ce renseignement tronqué et celui que le 13ᵉ régiment (3ᵉ régiment de la 32ᵉ D. I.) avait obtenu dans la soirée, par le poste de *Solente* ([2]), et dont on avait extrait le nom de *Moyencourt.* Le poste de *Biarre* parlait de *Annois...* ne s'agissait-il pas de la ferme *Lannoy*, située près de *Moyencourt* et ne serait-il pas mention d'une position C (Stell.. C) dans ces parages? La photo avait en effet donné des éléments de tranchées vers *Moyencourt* (Voir croquis nᵒ 1). D'autre part 1 1/2 pouvait signifier 1 h 1/2.

Telles sont les réflexions que l'officier de renseignement pouvait se faire à la division, tout au moins par le rapprochement des conversations d'écoute. Il ne s'ensuivait pas qu'il devait en tirer immédiatement des conclusions certaines; mais il fallait partir de ces réflexions pour poursuivre ses recherches et confirmer, si possible, les suppositions suggérées.

Envoi de patrouilles. Identifications.

3° Vers 23 heures le 41ᵉ régiment envoie une patrouille sur les

---

([1]) Relire à ce sujet l'article 315, page 107, de l'Instruction sur les liaisons et transmissions.

([2]) Voir notre ouvrage *Le Service de Renseignements en campagne*, p. 113

pentes de la cote 84 (nord de Rethonvillers), où l'on s'est battu dans la journée, et où deux cadavres ennemis non identifiés sont restés. Le but de cette patrouille est précisément de *rapporter des identifications*. L'officier de renseignements du régiment a dû penser à intervenir auprès de son colonel, pour qu'une patrouille soit envoyée précisément sur ce point.

Le directeur supposa que, du côté adverse, on avait eu la même pensée, mais dans le but de ramener les deux cadavres. Rencontre des deux patrouilles : coups de fusil; un mort du côté ennemi. La patrouille rapporta quelques objets (¹) qui permirent d'identifier un 27ᵉ régiment (2ᵉ bataillon et 1ᵉʳ bataillon).

4° Vers 1 heure, le 17, le 72ᵉ envoie deux patrouilles sur *Biarre*, une par le nord, l'autre par le sud.

Au carrefour sud-ouest, un poste exécute quelques tirs en rafales de très courte durée, puis silence. Le carrefour nord est inoccupé. La patrouille trouve un cadavre (casquette à bande noire, cocarde blanc-bleu-blanc). Patte d'épaule rouge avec n° 17 et une grenade jaune. Tir de barrage ennemi sur les sorties est de *Biarre*. Coups de mitrailleuses partant de l'est de la localité, sur le chemin de *Cressy* (?).

5° *Compte rendu des observatoires du 72ᵉ régiment et du 13ᵉ à sa droite.* 17 mai. — A 1 h 10, deux fusées blanches sont lancées de *Biarre*, après qu'une autre fusée de même couleur a été lancée de l'arrière (vers Cressy, semble-t-il) C. R. du 72ᵉ régiment. Deux fusées blanches sont également lancées de *Solente* à 1 heure (C. R. du 13ᵉ régiment).

Le directeur attira l'attention de la division et du régiment, dès la production du document n° 1 ci-dessus, sur la nécessité de faire connaître aux postes d'observation le procédé des fusées signalé par ledit document, en soulignant l'intérêt qu'il y avait, en la circonstance, de donner auxdits postes la consigne de rendre compte d'urgence par exprès, dès que des fusées blanches auraient été observées.

L'arrivée du renseignement n° 5 à la division devait

(¹) Ces objets étaient : une casquette portant deux cocardes, une plaque d'identité, une enveloppe de lettre, deux pattes d'épaule. Le détail de ces objets était donné aux officiers, savoir :
— les cocardes sous forme de dessins avec leurs couleurs vraies;
— la plaque d'identité sous forme de deux cartons (avers et revers) portant les indications réglementaires;
— les pattes d'épaule sous forme de dessins en couleurs.

amener une décision du Commandement. La question fut discutée entre le directeur de l'exercice et les officiers, et se résolut par l'exécution de coups de main sur *Biarre* et *Solente*. Le directeur fit remarquer que ces coups de main, préparés dès la veille au soir en vertu des ordres reçus, devaient être décidés à la suite des comptes rendus nos 1 à 5 ci-dessus, confirmant le Commandement dans l'idée que l'ennemi au contact le 16 au soir ne comprenait qu'un rideau léger d'avant-postes. C'est donc au point du jour et avec des effectifs réduits que les 72e et 13e régiments devaient aller prendre possession de *Biarre* et de *Solente*, et pousser des éléments au contact sur les routes vers l'est.

En même temps, le 41e régiment tâtait l'ennemi vers l'entrée sud-ouest de *Billancourt*.

6° *Renseignements nouveaux.*

A 2 heures coup de main sur le poste avancé sud-ouest de *Billancourt*. Poste évacué. Trouvé un journal 10 mai, *Münchner Nachrichten*, et une lettre adressée à un homme du 19e bavarois datée du 8 mai.

A 3 heures, coup de main sur *Solente*, qui est occupé sans coup férir.

A 3 h 30 le 72e occupe *Biarre*.

Etc..., etc...

*
* *

Nous arrêtons ici l'énumération des renseignements distribués au cours de la première séance aux régiments d'infanterie et à la division. Ceux que nous avons reproduits n'étaient destinés qu'à montrer avec quels détails il y a lieu de préparer et de conduire l'exercice, si l'on veut qu'il soit réellement intéressant et fructueux. En réalité, les quelques renseignements donnés ci-dessus ne constituaient qu'une faible partie du stock d'informations à distribuer aux officiers (¹). Le directeur de l'exercice voulut,

---

(¹) Il fut distribué au cours de l'exercice sur la carte :
Aux régiments d'infanterie : 14 renseignements de toutes catégories;
A la division : 27 renseignements de toutes catégories;
A la division de cavalerie : 25 renseignements de toutes catégories.

en effet, montrer, par la nature et l'abondance des renseignements qu'il avait préparés, qu'à la guerre le difficile
n'est pas de recueillir, car on a toujours assez de renseignements, mais de transmettre en vue d'interpréter et de
diffuser en temps opportun. Pour amener les officiers à
réfléchir à la situation, à en suivre les transformations,
à s'en faire finalement une idée aussi exacte que possible,
il était indispensable de leur montrer, dans toutes les
catégories de renseignements, ce qu'on pouvait obtenir,
c'est-à-dire ce qu'on pouvait rechercher raisonnablement,
sans crainte de demander l'impossible. Les officiers de
renseignements des régiments ne reçurent donc, outre les
indications recueillies normalement sur le front (objets
ou papiers trouvés ou pris, identifications de prisonniers),
que des renseignements d'écoute, d'observation terrestre
ou de patrouilles. Le rôle du 2e Bureau de la division,
restreint pendant la nuit, devait prendre plus d'ampleur
au cours de la deuxième séance, lors de la distribution
des renseignements du 17, représentant les résultats des
recherches entreprises sur son ordre.

En ce qui concerne le S. R. A., les renseignements distribués devaient leur permettre de tenir à jour leur carte
de l'artillerie adverse. Dans ce but, il avait été remis aux
officiers d'artillerie une notice sur les pièces, obus et fusées
utilisés par l'ennemi, pour leur faciliter l'identification
des projectiles.

A titre d'indication, voici quelques renseignements parmi
ceux qui leur furent donnés au cours des première et
deuxième séances :

Renseignements donnés par le ballon dans la nuit du 16 au 17 :

Lueurs vers *Hombleux* (7170), à l'est d'*Ercheu*, vers *Languevoisin*, au sud de *Cressy*, à *Breuil.*

Repérées par le son :
8561 (15cm canon), 8366 (10cm canon).

Repérées par l'aviation à la vue le 16 :
5642, 5377, 3353, 3280, 7070, 6834.

Tirs de harcèlement :

1° Sur la croisée des chemins à 1.200 mètres nord-est de *Carrepu* (obus de 15?) et sur les abords de la ferme *Waucourt*.

Trouvé un obus, non éclaté, gris avec cercle rouge; fusée Dopp Z 16. L'obus porte 2 ceintures de cuivre au culot.

2° Sur *Rethonvillers* (trouvé fusée Gr Z. 18).

3° Sur *Balâtre* (caffut couleur grise avec amorce d'ogive jaune, en outre un morceau de culot noir avec ceinture de 28 millimètres à 74 millimètre du culot.

4° Sur les batteries en arrière de *Rethonvillers* (fusées E. H. Z. 17), un culot bleu, une fusée longue Lg B. d. Z. 10), etc..., etc...

Calque des batteries repérées par photos : Etc.

*
* *

Chaque groupe de travail, étant ainsi muni du stock de renseignements recueillis pendant la nuit, devait étudier ces renseignements, les comparer, les interpréter et en faire la synthèse.

Le directeur décidait à ce moment quel était le front atteint. Les officiers de renseignements partaient de cette base pour déterminer leur nouveau système d'observation terrestre à mettre en place dès le 17 matin. Il était alors possible de constater si leur prévoyance s'était exercée judicieusement et s'ils n'avaient pas été pris au dépourvu par la nouvelle situation, pour le déplacement éventuel de leurs postes d'observation et leurs liaisons.

La première séance devait s'achever sur la rédaction : *pour la division :* d'un exposé synthétique de la situation; *pour les régiments :* d'un exposé succinct des dispositions prises, le cas échéant, en vue des opérations du 17.

*
* *

Transmission et étude du renseignement
L'observation

Emploi du temps.

— Exposé et discussion des mesures adoptées dans la division et les régiments pour le recueil et la transmission des renseignements.

— Étude des événements de la journée du 17 et des renseignements reçus au cours de cette journée. Tenue à jour des cartes et documents.

La séance commençait par la discussion des exposés succincts rédigés en fin de la première séance.

Le directeur faisait ressortir, à ce propos, que les mesures à prendre aux divers échelons devaient toujours être uniquement motivées par l'esprit des ordres reçus, savoir :

Pour la division d'infanterie, recherche en premier lieu des renseignements nécessaires à l'opération du 18.

Pour les régiments, organisation de leur observation en vue de la détermination du *contour apparent* de l'ennemi, permettant la fixation de la base de départ pour l'attaque du lendemain, et en vue de la surveillance du front.

Il y avait lieu de remarquer, à ce sujet, que l'important était, en raison du peu de temps dont on disposait, d'aller vite et par conséquent de prévoir très en détail un plan de transmission des renseignements du front.

Dans cet ordre d'idées, le directeur étudia les dispositions prescrites par la division pour l'acheminement rapide des prisonniers et des documents de toutes sortes vers l'arrière, ainsi que pour la transmission des identifications.

Centre de renseignements avancé

Dans le cas concret envisagé, le P. C. de la 32e D. I.

était à *Roye* le 16. Fallait-il le 17, et en prévision des opérations du 18, porter ce P. C. en avant et constituer un *centre de renseignements avancé*? Le directeur, après avoir fait remarquer que la connaissance et l'étude rapide des renseignements du front étaient, dans certains cas, fonctions de l'existence et de la bonne organisation d'un centre avancé, dont le règlement sur les transmissions prescrit peut-être à tort l'emploi *normal* dans la division (Art. 237 de l'Instruction du 26 mai 1923), précisa que, au cours de la journée du 16, la division avait déjà établi un C. R. A. à la ferme *Waucourt* (¹), juxtaposé au *centre de transmissions* jalonnant l'axe de transmission de la division : Roye—Carrepui—Waucourt—Balâtre.

Il semblait donc normal de porter le P. C. de la division d'infanterie, dès le 17 au matin, à la ferme Waucourt, où fonctionnerait encore, jusqu'à nouvel ordre, le C. R. A., lequel pourrait être déplacé le 18, dès la conquête des premiers objectifs (²).

Le directeur aborda ensuite la question de la composition du C. R. A.

Aux termes du Règlement sur les transmissions (art. 236), le C. R. A. est chargé « de coordonner l'afflux *des renseignements venant de l'avant* et d'en assurer, selon l'urgence, la transmission vers l'arrière et *vers tous les intéressés*, éventuellement de servir d'intermédiaire pour la notification des ordres, en un mot de régulariser, dans la zone avant, le jeu des transmissions qui intéressent spécialement le Commandement ».

Le C. R. A. doit être « constitué par la juxtaposition d'un *organe d'information* et d'un *centre de transmissions* fortement constitué ».

(¹) En raison de la situation (marche d'approche, sur un grand front).

(²) Le directeur discuta la question de l'opportunité du C. R. A. Il est des cas où cet organe est parfaitement inutile ; en tout cas, il ne peut pas être un centre d'informations, ni de discrimination, ni d'étude des renseignements sur l'ennemi.

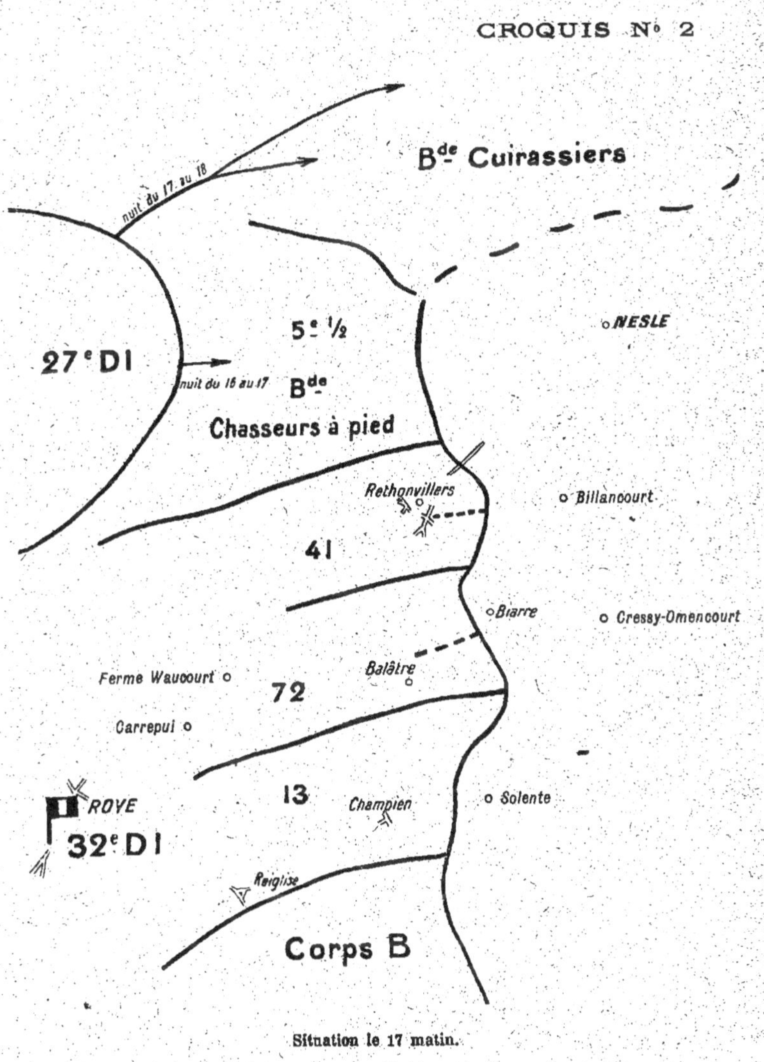
CROQUIS N° 2
Bde Cuirassiers
nuit du 17 au 18
o NESLE
27° DI
5e ½
nuit du 16 au 17
Bde
Chasseurs à pied
Rethonvillers
o Billancourt
41
o Biarre
o Cressy-Omencourt
Ferme Waucourt o
Balâtre
o
72
Carrepui o
13
Champien
o Solente
ROYE
32e DI
Reiglise
Corps B
Situation le 17 matin.

Tout d'abord il est bien évident que les « renseignements venant de l'avant » ne concernent pas tous l'ennemi; ce sont pour la plus grande partie des comptes rendus d'opérations des unités subordonnées. Il faudra donc, le plus souvent, que l'officier du C. R. A. soit un officier connaissant bien la manœuvre en cours, donc un officier du 3e Bureau. Mais, d'autre part, les renseignements concernant l'ennemi seront également nombreux. Faut-il alors laisser l'officier du C. R. A., comme l'indique le règlement, juge *en cas d'urgence* de les faire parvenir aux intéressés, au risque de les transmettre incomplets et parfois insuffisamment interprétés? Ne vaut-il pas mieux laisser au 2e Bureau son rôle normal et lui permettre, sous la direction du chef d'état-major, de procéder à l'étude et à l'interprétation de renseignements souvent confus et contradictoires? Ceci ne fait aucun doute (¹). Il ne sera donc pas utile, dans la plupart des cas, de mettre au C. R. A. plus d'un officier, à moins que le Commandement juge nécessaire de se rapprocher du front; dans ce cas, tout le P. C. vient se confondre avec le C. R. A.

Le directeur mit en garde les officiers contre une diffusion trop hâtive de renseignements insuffisamment interprétés; il attira leur attention sur la nature des renseignements recueillis sur l'ennemi au cours d'une action, et leur fit remarquer que, à part certains cas exceptionnels, ces renseignements ne présentent pas généralement un caractère d'urgence. C'est pourquoi il est préférable de les transmettre tous au P. C., afin que l'étude en soit faite dans le calme d'esprit nécessaire, et leur diffusion décidée après mûre réflexion. Ceci n'empêche pas, bien entendu, de procéder à ce travail avec toute la célérité que récla-

---

(¹) Adjoindre au C. R. A. un officier du 2e Bureau de la D. I., c'est-à-dire le chef de ce Bureau ou l'interprète, serait une solution fâcheuse qui priverait le P. C. d'un officier plus utile auprès du chef d'état-major. D'autre part, en procédant de la sorte, on aboutirait à faire du C. R. A. un deuxième P. C., ce qui n'est pas admissible.

ment les circonstances et qui doit être l'apanage d'officiers de 2e Bureau bien au courant de la situation et de leur métier.

Dans le cas concret envisagé, le 16, le C. R. A. était à la ferme Waucourt, où il avait été installé vers 15 heures, lorsque les premiers éléments de la division d'infanterie commençaient à s'immobiliser devant le front *Solente—Biarre—Rethonvillers*. A ce moment, le P. C. de l'I. D. était encore à *Carrepui*, celui de la division à *Roye*. Dès le matin du 17, le front ayant été quelque peu modifié, l'axe de transmission de la division d'infanterie pouvait être poussé, en prévision des opérations du 18, sur *Balâtre*, où était installé déjà le P. C. du 72e régiment (Voir art. 231 de l'Instruction du 23 mai 1924). Dans la même journée du 17, le P. C. de l'I. D. viendrait à la ferme *Waucourt*. Cette journée devait être une journée de préparation et de calme relatif. La division pouvait donc laisser son P. C. à Roye (où le Q. G. entier l'aurait rejoint), mais ce P. C. devait être porté en avant dès le 17 au soir et installé à la ferme Waucourt. Le 18 au matin, à partir du moment où il serait nécessaire d'être renseigné et de donner des ordres rapidement, c'est-à-dire d'être le plus possible rapproché du front, on trouverait sur l'axe de transmission :

A *Balâtre*, le P. C du 72e et le C. R. A.;

A la *ferme Waucourt*, les P. C. de l'I. D. et de la D. I.

Cette solution paraissait très logique, mais ce qui l'était moins c'est que le P. C. de la D. I. fût à 2 kilomètres à peine de son C. R. A. Dans la circonstance quel avantage en attendre, et quelle nécessité y avait-il de pousser ce C. R. A. à *Balâtre?*

Les renseignements ne parviendraient-ils pas du front *Rethonvillers—Solente*, aussi vite à la ferme *Waucourt* qu'à *Balâtre?* Et le général de division n'aurait-il pas plus d'intérêt à voir tout son monde réuni à la ferme Waucourt? C'est notre avis. Dans ce cas on n'installerait à Balâtre

que le centre de transmissions, auquel s'accrocheraient les
trois régiments et l'on se contenterait de pousser le P. C.
de la division d'infanterie sur ferme Waucourt, où il se
confondrait provisoirement avec le C. R. A. Cette solution semble donner une entorse au règlement (art. 237
déjà cité). Il n'y a là qu'une apparence; il n'y a pas de
règle fixe, seul le cas concret motive les dispositions prises;
l'article 290 admet d'ailleurs cette solution, en spécifiant
que « le premier poste de commandement au cours de la
progression coïncide avec le C. R. A., déjà équipé », etc....

Continuant l'étude de la transmission des renseignements
à la division, le directeur, après discussion, fit remarquer
que, en ce qui concernait les *prisonniers*, la question était
bien simplifiée pour le 17, car on ne prévoyait pas d'opérations importantes, et il suffisait, dans l'ordre, de prescrire de les diriger sur Roye, où ils seraient interrogés.

Passant ensuite aux régiments, le directeur examina
pour les 41e et 72e, les dispositions prises pour l'*observation terrestre* et l'acheminement vers l'arrière des renseignements recueillis et des prisonniers. Il rappela encore
une fois, d'une part, les dispositions de la carte n° 1 de
l'Instruction sur les transmissions, qui précise les liaisons
à établir entre les P. C. et les observatoires, d'autre part
les mesures de détail à prendre (¹) pour organiser dans le
régiment l'identification des prisonniers, avec interrogatoire très sommaire, leur acheminement sur le P. C. de la
division et le compte rendu téléphoné à adresser d'urgence;
il insista, à ce sujet, sur l'importance au combat des renseignements d'ordre de bataille, et, conséquemment, sur
le soin et la rapidité avec lesquels il doit être procédé aux
identifications.

2. *Étude des événements du 17.*

Cette étude avait pour but de faire fonctionner l'*obser-*

____

(¹) Voir notre ouvrage *Sur le fonctionnement d'un 2ᵉ Bureau en campagne.*

vation terrestre et aérienne. En conséquence, les renseignements distribués comprenaient en majeure partie des renseignements d'observation.

En premier lieu, on étudia le dispositif et les procédés de recherche de l'artillerie ennemie (observatoires, S. R. S. et S. R. O. T.). Le directeur fit exposer dans ses grandes lignes par un officier d'artillerie le principe de la *méthode du recoupement au son,* définit la valeur des résultats obtenus par cette méthode (emplacements et calibres), ainsi que les autres sources diverses d'identification des calibres (fusées, caffuts) et des directions de tir (traces sur le sol).

Le directeur fit ressortir, à ce sujet, la contribution que l'infanterie peut apporter à la détermination de l'artillerie ennemie, en relatant exactement les heures et les genres de tirs subis, afin que le S. R. A. puisse rapprocher ces indications (d'arrivée) de celles qu'il aura recueillies lui-même par le recoupement au son ou aux lueurs (départ). D'où la nécessité d'organiser dans l'infanterie une observation méthodique des bombardements supportés.

La séance se continua par la distribution de renseignements de toutes catégories dans l'ordre suivant :

Ordre de bataille. — Compte rendu d'interrogatoire du prisonnier, fait dans la nuit du 16 au 17 devant Balâtre, et dont l'acheminement sur la division fut suivi en détail depuis sa capture.

Nomenclature d'objets et de documents trouvés soit à *Biarre,* soit devant *Billancourt.* Leur identification.

Activité et organisations. — Résultats d'une reconnaissance à vue exécutée par l'aviation et d'une reconnaissance photographique.

A ce propos, le directeur fit suivre aux officiers tout le processus de la prise, du développement, de la répartition des photographies.

Il rappela en outre le rôle de la *section topographique* et exposa dans le cas concret envisagé, le travail de la S. T. D. I. de la 32e D. I. depuis la réception des photos jusqu'à la *diffusion* des résultats aux régiments, après interprétation sommaire par le 2ᵉ Bureau sur une carte au 50.000ᵉ pour le Commandement, sur un plan au 20.000ᵉ pour la troupe.

Artillerie. — Distribution aux S. R. A. des renseignements recueillis par les divers organes de recherche.
— Distribution aux régiments d'infanterie de papillons mentionnant les tirs subis au cours de la journée du 17, avec indication plus ou moins exacte, suivant le cas, des calibres identifiés.

Au fur et à mesure de l'arrivée des renseignements, les officiers tenaient à jour leurs cartes et leurs registres d'identifications. Le directeur fit remarquer, à ce propos, qu'il n'existait aucune formule réglementaire, mais qu'il s'agissait pour les officiers de renseignements de classer et de cataloguer toutes leurs informations avec méthode, clarté et simplicité, de façon à pouvoir à tout instant présenter au Commandement un exposé précis de la situation.

TROISIÈME SÉANCE

Carte de renseignements — Synthèse et compte rendu

Au cours de cette séance, les officiers de renseignements devaient être habitués à rédiger un compte rendu de fin de journée. Le directeur leur rappela tout d'abord que le compte rendu était obligatoire et avait pour but de donner à l'échelon supérieur tous les éléments nécessaires pour lui permettre de juger la situation. Il ne fallait donc rien omettre des renseignements, même d'apparences insignifiantes, qui auraient été recueillis depuis le dernier compte rendu. D'autre part, une simple énumération de faits n'était pas suffisante pour orienter le Commandement; il fallait en outre s'efforcer de donner aux événements l'interprétation que permettaient les circonstances dans lesquelles ils s'étaient produits. Cette opération revenait à faire la *synthèse* des renseignements relatés (¹), afin de se faire une opinion raisonnée sur la situation.

L'exposé synthétique était facilité par l'établissement de la *carte de renseignements journalière* que les officiers devaient mettre au net au préalable.

La méthode qui leur fut enseignée consistait donc à établir dans l'ordre suivant :

1º La carte de renseignements;

2º L'exposé synthétique;

3º Le compte rendu écrit;

4º Le compte rendu téléphoné.

Pour le *compte rendu écrit*, un schéma leur fut donné pour leur permettre de ne rien oublier et de faciliter la tâche du 2ᵉ Bureau récepteur, en présentant toujours les renseignements par catégories et dans un même ordre (²).

(¹) Voir notre ouvrage *Sur le fonctionnement d'un 2ᵉ Bureau en campagne*, p. 170 à 176.

(²) Voir le *Service de renseignement en campagne*.

En ce qui concerne le *compte rendu téléphoné*, le directeur rappela qu'il était destiné à orienter le Commandement supérieur dès le soir même; il devait donc comprendre seulement les faits ou renseignements saillants, que l'exposé synthétique devait faire ressortir. Ce devait être en somme un extrait du compte rendu écrit, lequel ne pouvait parvenir à ses destinataires que le lendemain matin.

L'attention des officiers fut en outre attirée sur une erreur assez fréquemment commise, qui consiste à confondre le compte rendu et le *bulletin de renseignements*. Il leur fut bien spécifié que le compte rendu, destiné au supérieur, devait tout comprendre, même les renseignements suspects ou douteux, accompagnés au besoin d'une mention particulière, alors que le bulletin était destiné aux subordonnés et ne .eur donnait que des renseignements coordonnés, expurgés, certains ou tout au moins probables, laissant de côté tout ce qui pouvait jeter un doute dans les esprits. On a le devoir de rendre compte de tout, mais on n'a pas le droit de diffuser des informations non contrôlées. Du reste, seuls l'armée et le G. Q. G. peuvent en pratique établir des bulletins de renseignements, parce qu'ils en ont les éléments. Le 2e Bureau du corps d'armée ne peut que faire des bulletins périodiques sur des détails du front; quant à la division, elle n'a ni les moyens, ni le temps, ni les éléments pour en rédiger. Elle doit donc s'en abstenir, et se contenter de rédiger chaque jour le 1er paragraphe de l'ordre d'opérations, c'est-à-dire celui concernant l'ennemi.

*
* *

Les renseignements qui avaient été distribués au cours de la deuxième séance avaient été le résultat des recherches entreprises dans leur ordre d'urgence, c'est-à-dire en premier lieu de celles qui intéressaient directement l'attaque du 18 et concernaient la constitution des objectifs de la division ainsi que le dispositif d'artillerie pouvant participer à leur défense.

La synthèse à faire des renseignements reçus le 17 devait donc faire ressortir, *pour le Commandement,* l'organisation du front défensif *Billancourt—Cressy :* nature et valeur des obstacles (tranchées, réseaux, mitrailleuses, organes de flanquement, défenses anti-chars), nature du terrain d'approche et à l'intérieur de la position ennemie, nomenclature des observatoires ayant vue sur la zone d'attaque, dispositif des troupes ennemies, obstacles à prévoir (matériel ou troupes).

Faire une synthèse, c'est donc présenter *objectivement* une série de faits ou de renseignements en vue d'un but défini. Dans le cas présent, il fallait donner au Commandement tous les éléments recueillis, pour l'orienter sur les possibilités de réussite de l'attaque, le mettre en garde, au besoin, contre certains obstacles; il fallait aussi avertir la troupe de ces obstacles, pour que le commandement des forces d'attaque put prendre pour chaque point d'appui attaqué, les dispositions appropriées.

Il était évident que la seule journée du 17 aurait pu ne pas être suffisante pour permettre au service des renseignements de recueillir la somme de données nécessaires pour bien orienter l'attaque. Raison de plus, comme nous l'avons déjà dit, pour se limiter dans le choix des recherches. En supposant qu'il eût fait beau temps, il était possible, cependant, d'exécuter le programme photographique; c'était un gros point. D'autre part, tous les éléments du S.R.A. travaillant à plein, on aurait pu, le soir du 17, établir une carte sommaire des objectifs d'artillerie. Cependant l'ennemi, prévoyant l'attaque, aurait pu renforcer son artillerie et s'abstenir de procéder à des réglages susceptibles de dévoiler les batteries de renforcement. Dans ce cas, il appartenait au Commandement d'organiser une bonne liaison entre l'aviation et l'artillerie, pour que les objectifs inopinés pussent être pris à partie sans délai au cours de l'attaque.

En résumé, le commandant de la 32e D. I., exécutant l'ordre reçu, devait, le 18, entreprendre l'attaque avec *les seuls renseignements* dont il disposait.

Ces renseignements permettaient de régler au mieux le dispositif d'attaque et la répartition des missions entre les batteries de la division.

Mais il y avait lieu de remarquer que les recherches du 2e Bureau devaient être poursuivies sans désemparer, en permanence, après l'envoi des ordres d'attaque, de façon à perfectionner constamment la connaissance qu'on avait de l'ennemi. Ce fut l'objet de la quatrième séance.

QUATRIÈME SÉANCE.

Diffusion du renseignement — Rôle du service de renseignements au cours de l'attaque

Prenant les opérations du 2e Bureau dans leur ordre chronologique, le directeur exposa aux officiers l'ordre d'attaque de la division et les dispositions supposées prises dans les 41e et 72e régiments.

Il rappela ensuite, pour les officiers qui n'avaient pas assisté au stage en 1924, que le rôle de la Division restait toujours le même dans l'ensemble du plan de manœuvre de l'armée A, savoir : accrocher l'ennemi pour retenir ses forces (qu'il convenait en outre de déterminer), pousser jusqu'au canal du Nord pour se donner de l'air. Il en résultait pour les corps d'armée (Xe corps en particulier) la nécessité de prolonger leurs investigations au minimum jusqu'à la ligne générale *Hombleux — Grécourt*, pendant que l'armée prendrait à sa charge les reconnaissances à plus longue portée sur *Ham* et *Saint-Quentin*. Comme on le voit, à peine le 2e Bureau avait-il donné satisfaction aux demandes nécessitées par les opérations du 18, qu'il lui appartenait de diriger ses recherches sur le terrain en arrière des premiers objectifs fixés, afin d'orienter le Commandement en vue de la conquête des objectifs futurs. Ce rôle de prévoyance du Commandement est capital; c'est en orientant bien à l'avance son service des renseignements, qu'il pourra le faire rendre au maximum et être renseigné à temps.

Donc une fois faite la synthèse des renseignements recueillis le 17, le 2e Bureau de la division d'infanterie (¹)

(¹) Il serait plus vraisemblable de dire que ce rôle incombe tout spécialement au 2e Bureau du C. A. Cependant la nécessité de faire travailler les officiers dans le cadre du corps d'armée avait amené le directeur à leur faire examiner la situation dans son ensemble, pour leur montrer le jeu des organes de recherches.

devait établir un nouveau programme de recherches, en vue de préciser la situation de l'ennemi en arrière du front attaqué; ce rôle constant de préparation est bien celui qui doit lui être dévolu; il opère en somme par stades successifs, suivant un ordre d'urgence, subordonné au processus des opérations envisagées par le Commandement.

Le directeur insista sur cette relation permanente, qui doit exister entre la volonté du chef et les recherches du 2e Bureau, ce dernier agissant dans le sens des directives reçues, lorsqu'il s'agit de préparer une opération, et de donner au Commandement les bases de sa décision.

Ceci exposé, les officiers furent invités à rédiger l'ordre, que les 2es Bureaux et les officiers de renseignements auraient donnés *en vue de l'attaque*, pour le fonctionnement du service au cours de la journée du 18.

A la division il appartenait de régler la conduite et l'interrogatoire des prisonniers, le recueil et la transmission des renseignements, et de spécifier comment serait modifié, au besoin, le plan d'observation.

Les *régiments devaient* prévoir le rôle de l'officier de renseignements pendant l'attaque, pour aller au-devant du renseignement, recueillir vite et transmettre sans délai.

La division ayant, dès le 17 au soir, transporté son P. C. à la Ferme Waucourt, le 2e Bureau devait prescrire pour les prisonniers faits à la division d'infanterie *un point de rassemblement* général (¹), où ils seraient triés, identifiés et interrogés, dans le délai minimum. La Ferme *Waucourt* ou *Carrepui* semblaient répondre à ces desiderata. L'inspection du terrain aurait permis de faire un choix en connaissance de cause dès le 16 au soir, pour que l'aménagement du point de rassemblement fût commencé le 17 au matin (¹).

Le directeur discuta ensuite la composition du C. R. A.,

(¹) Voir *Le fonctionnement d'un 2e Bureau en campagne*, p. 306, annexe 7.

installé à *Balâtre*, en moyens de transmissions de toutes sortes. La distance séparant le C. R. A. et le P. C. n'étant que de 2 kilomètres, avec une bonne route, la question communications était simple à résoudre. Restait à définir comment la Division irait au-devant du renseignement, pour faciliter la tâche des officiers de renseignements des corps de troupe et lui permettre d'avoir dans le délai minimum les informations du front, c'est-à-dire de définir comment serait assurée la transmission des renseignements entre les régiments et le C. R. A. Il fut décidé qu'on adjoindrait aux officiers de renseignements au moins un interprète dans la langue de l'ennemi ([1]), dont le rôle serait uniquement de recueillir auprès de ces officiers et de rapporter les renseignements importants au C. R. A., d'où ils seraient facilement acheminés sur le P. C. de la division.

Cette solution semble la plus pratique au moment du combat. Elle s'inspire de la nécessité d'essayer de décharger les officiers de renseignements des régiments du souci matériel de la liaison avec l'arrière. En effet, ces officiers doivent appliquer d'abord tous leurs efforts à garder le contact le plus étroit avec les bataillons engagés. En principe leur place sera au P. C. du colonel, mais ils auront toujours l'esprit tendu vers l'avant et seront prêts, au premier moment d'accalmie, à aller au P. C. de l'un ou de l'autre bataillon chercher les renseignements. Ils seront flanqués d'un jeu d'agents et de moyens de transmission.

Ces considérations exposées, le directeur procéda à la la distribution des renseignements recueillis au cours de la nuit du 17 au 18 pendant laquelle deux coups de main avaient été prescrits (Voir plan au 1/20.000e).

Ordre de bataille (Voir plan directeur au 1/20.000e).

([1]) Il est indispensable que la D. I. ait toujours 3 ou 4 de ces interprètes auxiliaires sous la main, pour les employer, au moment du besoin, comme ses délégués auprès des régiments.

Coup de main sur le petit bois au nord-ouest de Billancourt :
2 prisonniers du 25e régiment.

Coup de main sur l'ouvrage en rond au sud de Billancourt : 1 blessé
et 2 morts du 16e régiment. Forte réaction d'artillerie.

Artillerie. — Repérages faits au cours des coups de main :

1° *par observation terrestre*, 5377, 3280. Coups de 21 sur Rethonvillers (6264 déjà repéré par le son).

4459, 4055. Coups de 15 sur *Biarre* (6161? repéré par le son).

2° *par ballon* (3 heures), 3353 (1 pièce), 4638 (1 pièce).

4 heures. — En arrière du château de *Robécourt* (8264? tire).

3° *par l'infanterie* (concordance des heures).

A 3 h 30, tirs de 77 sur la région à l'ouest d'Omencourt.

A 3 heures, tirs de 15 sur les premières lignes en avant de Balâtre.

A 4 heures, tirs de 10cm sur Rethonvillers et le carrefour nord-
est de Carrepui et aux abords de la Ferme Waucourt.

Tous les renseignements suffisaient à permettre au 2e Bureau de dresser une situation plus exacte de l'ennemi, et
à l'artillerie d'établir avec plus de précision son plan d'emploi.

L'attaque ayant été prescrite pour midi, il pouvait être
procédé dans la matinée du 18 aux derniers préparatifs,
etc., etc...

**

Nous arrêterons là l'exercice sur la carte (¹), ayant voulu
montrer simplement ses stades successifs, et la façon de
traiter, au point de vue spécial du renseignement, les
diverses opérations dans le cadre des décisions du Commandement. Nous nous sommes abstenus de trop de détails
pour ne traiter que les grandes lignes du travail à faire,
dans un cas donné, par un 2e Bureau ou un officier de
renseignements. Les points, sur lesquels le directeur de
l'exercice crut devoir insister, ont été mis en lumière dans

(¹) La cinquième séance fut consacrée à l'étude de la bataille, au résumé
et à la critique par le directeur des travaux exécutés.

Exercice sur la carte exécuté au 14ᵉ C. A. en 1925

le cours de cette étude, qui, nous le souhaitons, pourra servir de guide aux officiers appelés à diriger l'instruction d'officiers de renseignements. Nous serions heureux également que la lecture de cette étude puisse contribuer à faire mieux connaître un service que beaucoup ignorent encore à l'heure actuelle, et les convaincre de son importance, sur laquelle nos règlements d'après-guerre insistent d'ailleurs suffisamment.

ENSEIGNEMENTS DU STAGE — CONSEILS PRATIQUES

Pour terminer, nous exposons ci-après les observations plus particulièrement pratiques, auxquelles le stage au 14e C. A. donna lieu de la part du directeur :

1° *Classement des renseignements.*

Cette question a embarrassé quelques officiers. Certains ont multiplié les dossiers, compliquant de ce fait l'étude des renseignements. D'autres se sont astreints bien inutilement à enregistrer toutes les pièces; cette méthode ne survivrait pas à deux ou trois jours de campagne. A la guerre, seul ce qui est simple, pratique et facile à exécuter a des chances d'être fait et de subsister. L'ordre et la méthode ne doivent pas entraîner la complication.

On évitera donc de faire trop de dossiers.

Dans une division on peut, en période de mouvement, classer avantageusement les renseignements, reçus chaque journée, dans l'ordre chronologique. Mais ce qu'il faut surtout s'efforcer de faire, c'est tenir à jour, au fur et à mesure de l'arrivée des renseignements, les cartes diverses (activité, ordre de bataille, artillerie, organisations, etc...) qu'un 2e Bureau doit établir. Avec un peu d'habitude le procédé devient familier et pratique; il a l'avantage de permettre à l'officier du 2e Bureau de cataloguer, de recouper, d'expurger et de synthétiser progressivement dans son esprit les renseignements de sources diverses.

Il arrive de la sorte à connaître suffisamment à fond toute l'activité ennemie pour ne pas être forcé, chaque soir, de procéder à une compilation longue et fastidieuse de tous les renseignements reçus dans la journée. Il gagnera ainsi du temps pour la rédaction de son compte rendu écrit et l'établissement de son compte rendu téléphoné, dont l'importance a été plusieurs fois mise en lumière au cours du stage.

2º *Classification des renseignements.*

La classification qui a été donnée aux officiers (ordre de bataille, organisations, artillerie, activité, projets ou intentions) a été bien comprise; on devrait la maintenir comme cadre des comptes rendus. Elle résume bien toutes les catégories de renseignements qu'on peut recevoir en en campagne.

— En ce qui concerne l'*ordre de bataille*, il faut très nettement distinguer les identifications sous les rubriques « unités connues » et « unités nouvelles ». Les rédiger sous une forme excessivement concise.

— Les indications concernant les *organisations* figureront toutes sur la carte; seule l'idée d'ensemble devra ressortir dans le compte rendu.

— Il en est de même *pour l'artillerie*; on a montré au cours du stage dans quel sens le 2e Bureau de la division doit se préoccuper de cette question au profit du Commandement.

3º *Tenue des cartes.*

C'est le plus clair et le plus fructueux du travail d'un 2e Bureau.

L'attention des officiers de renseignements a été attirée sur l'importance de la tenue à jour de cartes claires, propres, bien dessinées, parlant aux yeux. Il y a encore des progrès à faire dans ce sens; c'est une question d'habitude.

Un croquis, résumant une série de renseignements, importe plus au Commandement qu'une longue énumération de faits, qui n'ont d'utilité que pour les officiers chargés de leur étude. Or, une carte est un travail de synthèse, dont le Commandement doit disposer, à l'exclusion de tous les détails, qui nuisent à la clarté de l'exposition graphique.

On s'ingéniera donc en toutes occasions à remplacer le plus possible le discours par l'image.

4º *Comptes rendus de renseignements.*

La plupart de ceux qui ont été établis étaient un peu longs. A la guerre il faut écourter et condenser.

Certaines phrases sont inutiles; certaines indications sont utilement figurées sur un croquis.

Comme en tout, il y a là une gymnastique nécessaire; c'est en rédigeant beaucoup qu'on apprend à rédiger vite et bien, à éviter les longueurs et les redites, à éliminer tout ce qui n'est pas utile pour la compréhension du compte rendu.

Du reste, le compte rendu ne doit pas être, le plus souvent, rédigé en bloc, mais par fragments, à mesure que l'officier, qui en est chargé, catalogue dans son esprit les renseignements. En fin de journée, il ne reste plus qu'à recoller ces fragments et à en tirer la conclusion qui s'impose, s'il y a lieu.

5º *Interprétation des renseignements.*

L'interprétation des renseignements a fait de la part des différentes équipes de travail au cours du stage l'objet d'une conclusion généralement juste dans son ensemble, mais émaillée parfois de considérations quelque peu fantaisistes.

En matière de 2e Bureau, il est dangereux *de broder*
sur les hypothèses et de vouloir *toujours* à tout momen-
interpréter les faits, en tirant des conclusions, qui ne peut
vent être le plus souvent que des suppositions.

Les officiers ont été mis en garde contre cette tendance,
qui risquerait d'enlever au 2e Bureau la confiance qu'on
doit avoir en lui. Il y a lieu d'être prudent dans l'interprétation, de l'étayer toujours par des preuves, et de ne pas
se contenter de donner une impression, sans spécifier ce
qui la motive.

L'interprétation des renseignements est à coup sûr la
tâche la plus délicate du 2e Bureau; c'est avant tout œuvre
de jugement, d'impartialité et d'honnêteté.

L'imagination doit être bannie absolument.

MEMENTO POUR LES OFFICIERS DE RENSEIGNEMENTS

MISE EN TRAIN ET ORGANISATION DE LEUR SERVICE

Plan de renseignements — Plan de recherches — Plan d'observation

A. *Officiers des 2es Bureaux des C. A. et D. I.*

Le travail à faire est identique pour le corps d'armée
et la division d'infanterie, mais avec moins d'envergure
pour cette dernière, parce qu'elle a moins de moyens.

Muni des directives du Commandement, le 2e Bureau
du corps d'armée ou de la division d'infanterie établit
tout d'abord :

1° La situation *connue* de l'ennemi devant le front du
corps d'armée ou de la division d'infanterie.

Cette situation se traduit :

a) par l'énumération sur la carte des renseignements déjà
recueillis;

b) par la rédaction d'une *synthèse* destinée à orienter
le Commandement (général commandant le C. A. ou la
D. I.) sur cette situation, en faisant ressortir le nombre,

la force, la valeur, le dispositif, les organisations, les possibilités ou probabilités de l'ennemi, de façon que le Commandement soit immédiatement renseigné sur les chances de réussite d'une attaque à exécuter (ou sur celles de l'ennemi), ainsi que sur les recherches à entreprendre pour compléter sa documentation, soit qu'il doive attaquer, soit qu'il s'attende à une attaque.

2º Le 2ᵉ Bureau du corps d'armée ou de la division d'infanterie établit ensuite *le plan des renseignements* à recueillir, qui comprend ceux que l'échelon supérieur lui demande de chercher, ainsi que ceux dont le commandant du corps d'armée ou de la division d'infanterie à besoin lui-même pour son opération propre.

3º Ces besoins étant connus, il les met en page dans un *plan de recherches* qui doit préciser quels renseignements sont à chercher, par quels moyens, par quels organes.

Nota important : Les ordres à donner pour la recherche des renseignements varient, pour une même question, avec l'échelon qui les demande et avec celui à qui on les demande. La recherche se traduira, suivant l'échelon, soit par une *directive*, soit par un *ordre précis.*

Exemple : Le Grand Quartier dit à l'armée :

« Vérifiez si l'ennemi ne retire pas des troupes du front, dans votre zone. »

a) L'*armée* traduira cette *directive :*

Pour *elle :* par l'exécution de missions de reconnaissances aériennes sur les voies ferrées; les gares et les routes (à vue ou par photos);

Pour les *C. A. :* par l'ordre qu'elle leur donnera de vérifier l'ordre de bataille devant leur front respectif.

b) Le *corps d'armée* traduira cet ordre :

Pour *lui :* par l'organisation de l'observation aérienne, de la surveillance de l'arrière-zone du front, en vue de déceler les mouvements de troupe;

Pour les *divisions :* par l'ordre d'organiser une observation terrestre attentive, de faire des coups de main et de capturer des prisonniers, en indiquant les points où ils seront faits.

c) La *division* traduira cet ordre :

Pour *elle* : par un redoublement de l'observation terrestre, par la *préparation* des coups de main en question, pour qu'ils *réussissent ;*

Pour les *régiments* : par l'ordre de faire des patrouilles sur des points qu'elle spécifiera, et l'ordre rappelé d'identifier *rapidement* et d'envoyer sans tarder à la division les prisonniers, en vue de permettre leur interrogatoire.

d) Les *régiments* qui doivent être les *exécutants*, doivent porter toute leur attention sur l'*exécution* méthodique et rapide des ordres reçus et prescrire les moyens adéquats à mettre en œuvre pour avoir *au plus vite* des identifications et des prisonniers.

Ainsi donc, en descendant la cascade des échelons, l'esprit d'un *ordre* subsiste, mais son exécution varie avec l'échelon.

On doit donc se garder de répéter l'ordre initial venu d'en haut. Le bien comprendre à un échelon, c'est le traduire par un ordre et des recherches adéquats aux *moyens* dont dispose cet échelon.

4° Le corps d'armée ou la division d'infanterie ont ensuite à établir un *ordre pour l'organisation et le fonctionnement de leur service.*

Dans cet ordre, on doit indiquer, non plus les recherches à effectuer (elles sont comprises dans le plan de recherches), mais spécifier comment doivent fonctionner tous les organes les uns par rapport aux autres, c'est-à-dire indiquer leurs emplacements, leurs liaisons, les moyens de transmissions à utiliser, l'heure des comptes rendus, leur contexture, leur transmission, à qui, comment ; où, quand, comment doivent être interrogés et conduits les prisonniers, etc., etc...

On comprendra ainsi que *le plan d'observation* n'est

qu'une partie (une annexe) de cet ordre pour l'organisation et le fonctionnement du service.

La contexture du plan d'observation est donnée par les articles 113 et suivants de l'Instruction sur l'observation du 2 novembre 1922.

B. *Officiers de renseignements des régiments.*

Dans leur sphère réduite les officiers de renseignements des régiments doivent, *avant tout*, porter leur attention et leurs efforts sur l'*exécution* stricte, intégrale, rapide des ordres reçus de la division d'infanterie.

Leur besogne, quoique importante, est bien simplifiée. Ils n'ont pas besoin de rédiger ni plan de renseignements, ni plan de recherches, mais seulement :

Un ordre pour l'organisation et le fonctionnement de leur service dans leur régiment.

Dans cet ordre seront incorporés :

a) Les recherches à effectuer;

b) Le *système d'observation* (points à surveiller, d'où, comment, c'est-à-dire sur quoi porter l'attention, comment rendre compte, quand, à qui; comment être relié à l'arrière, à qui, par quoi);

c) En dehors des postes d'observation, comment recueillir et faire parvenir les renseignements.

NOTA IMPORTANT

Le Commandement, à tous les échelons, doit se bien pénétrer de cette vérité, que le moindre incident de manœuvre suffira à mettre en évidence :

1. — Si le chef veut être bien renseigné, il faut qu'il *précise* pour chaque opération les points sur lesquels il *veut* être renseigné. Il doit, en somme,

poser à son 2ᵉ bureau *une série de questions* répondant à ses besoins ou à ses préoccupations; ce questionnaire, c'est son *plan de renseignements*.

2. — *Le plan de recherche* n'est plus alors que l'organisation par le 2ᵉ bureau de la recherche du renseignement en vue de répondre aux questions posées par le chef.

Ces réponses, il ne faut pas se contenter de les attendre; il faut les susciter, les réclamer au besoin; certaines d'entre elles n'auront de valeur qu'autant qu'elles auront été fournies dans le temps voulu. Le chef fixera quelquefois cette limite de temps.

Dans la division, un procédé pratique pour ne rien oublier consiste à établir un tableau à double entrée (en abscisses : les renseignements à recueillir — en ordonnées : les organes chargés de les recueillir). Le 2ᵉ bureau pourra ainsi suivre facilement l'exécution de ses ordres, éviter les oublis et donner sans lacune la recherche du renseignement qui importe au commandant de la division.

UNE MANOEUVRE DE CADRES DE DIVISION SUR LE TERRAIN

CHAPITRE I

PRÉPARATION DE LA MANŒUVRE

Considérations générales

Le seul document officiel qui donne quelques indications sur la préparation d'une manœuvre de cadres est la circulaire du 15 janvier 1924 sur l'Instruction générale des cadres et des troupes; mais ces indications se bornent à définir le rôle qui incombe aux différentes autorités, et à recommander une méthode générale de travail; l'unique mention qui est faite de la recherche du renseignement figure à l'article 40 ainsi conçu :

« Les exercices sur le terrain sont exécutés à simple action. L'ennemi est soit supposé, soit figuré par un plastron assez fortement constitué. Ce dernier procédé est le seul qui intéresse le commandement et les troupes à la manœuvre, qui permette de faire fonctionner *l'observation terrestre et aérienne*, et qui rende possible le jeu des comptes rendus...

« Mais, en tout état de cause, *l'ennemi* est manié par la direction de la manœuvre, afin d'éviter les invraisemblances...

« Dans le même ordre d'idées, le directeur de la manœuvre peut même se réserver le maniement de l'aviation amie, ou bien encore faire envoyer par T. S. F., d'accord avec le commandant de cette aviation, *des renseignements supposés*, émis par les avions, ce qui donnera plus de vie à la manœuvre. »

Le règlement laisse donc à chaque directeur de manœuvre le soin de donner les ordres de détail pour le fonctionnement des divers services, et en particulier du service de renseignements.

Toutes considérations d'opérations mises à part, il importe, pour se conformer aux suggestions du règlement et placer les unités de manœuvre dans des conditions aussi semblables que possible à celles de la guerre, de dresser les cadres, à tous les échelons, à rechercher, à étudier et interpréter les renseignements. Ces opérations nécessitent dans une manœuvre de cadres sur le terrain :

a) *Une mise en train préliminaire ;*

b) *Une organisation matérielle pratique de la représentation de l'ennemi ;*

c) *L'organisation d'un service d'arbitrage et de renseignements.*

Nous voudrions essayer de montrer comment on peut faire fonctionner pratiquement les organes de renseignements au cours d'une manœuvre sur le terrain.

Nous prendrons comme exemple une manœuvre de division préparée au 14e C. A. en 1924 (¹).

I — MISE EN TRAIN PRÉLIMINAIRE

Afin de bien définir, au point de vue 2e bureau, le cadre dans lequel la manœuvre allait se dérouler, la première situation initiale de l'ennemi, destinée à la division de manœuvre, avait été établie intentionnellement très incomplète, afin de fournir au 2e bureau de la division l'occasion de poursuivre ses recherches dans le sens de la ma-

---

(¹) Cette manœuvre, entreprise dans des conditions spéciales (franchissement d'un fleuve) mettait surtout en action l'aviation divisionnaire.

nœuvre à exécuter, c'est-à-dire d'organiser son service de renseignements.

La situation initiale donnée à la division de manœuvre était la suivante (Voir carte ci-jointe).

Situation générale. — Une armée de l'Ouest est aux prises avec une armée de l'Est sur le front général :

La Tour-du-Pin—Soleymieu—Lagnieu—Ambérieu, et plus au nord.

Le 22 juin, après avoir reçu des renforts, l'armée de l'Ouest a pris l'offensive.

Au sud du Rhône, un C. A., à trois divisions, a refoulé l'ennemi sur la rive droite de ce fleuve, qu'il borde le 24 juin de la région de *Serrières* à la région de *Évieu-Charnevoz*.

Situation particulière. — La Xe division de ce C. A., encadrée au nord et au sud, tient le front :

Du bois du Mont (inclus) au bois est de *Gouvoux* (inclus).

La situation de la division le 24 juin est indiquée sur la carte jointe.

Situation de l'ennemi. — Le corps d'armée a eu à faire sur la rive gauche du Rhône à la valeur d'une division ennemie.

Ces forces se sont repliées sous la protection d'autres forces, qui ont préparé sur la rive droite du fleuve une organisation défensive.

Le 24 au soir, la situation de l'ennemi devant la Xe division n'a pu être encore définie que très approximativement.

a) Des mitrailleuses bordent le fleuve sur tout son parcours; leurs emplacements n'ont pu être précisés très exactement; elles exercent une surveillance vigilante sur tout le front.

b) Le village de *Rix* est occupé, ainsi que la scierie à 1.500 m N.-O. de *Rix* et les bois au nord et au sud. En outre, l'ennemi paraît organiser la ligne des hauteurs bordant au nord la grand'route qui passe à *Rix* (cotes 351-344-318).

c) Dans l'après-midi du 24, de l'artillerie (six emplacements) a été reconnue en action au nord et au sud de *Lhuis*, ainsi que derrière la montagne du *Tantainet*, au sud de *Cerin* et vers le lac d'*Ambleon*.

d) Le 24, *Arandon* et ses abords ont été bombardés par du 105; la région de la *Gorce*, le vallon de la *Beauve*, au S.-O. du *Gouvoux*, ont été arrosés d'obus toxiques, ainsi que le bois qui borde au sud l'étang de *Frignon*.

Un observatoire semble être installé à 346 (S.-O. de *Trieux*).

Mission de la division. — Dans la journée du 24 juin la Xe division reçoit l'ordre d'envisager immédiatement le passage du Rhône, pour le cas où la retraite de l'ennemi continuerait plus à l'est après un temps d'arrêt sur le fleuve, et pour le cas également où, cette retraite n'ayant pas lieu, une opération de vive force serait ordonnée par le commandement.

De part et d'autre de la Xe division, les divisions Y et Z étudient une opération analogue.

Travail préparatoire. — *Premier travail.* — « La Xe division donnera des ordres (2e bureau) pour la recherche du renseignement et la détermination détaillée de la situation de l'ennemi, en particulier de son organisation pour la défense immédiate du fleuve, de son système d'artillerie et de ses organisations défensives.

« Les ordres donnés par le commandant de la division de manœuvre seront adressés sous la forme normale d'une *demande de renseignements* aux divers organes d'information de la division, ou au 2e bureau du corps d'armée.

« Sur le vu de cette demande, le corps d'armée fournira les renseignements nécessaires pour l'établissement d'une première situation de l'ennemi, renseignements provenant soit des organes de la division, soit de ceux du corps d'armée. »

Deuxième travail. — « A l'aide des renseignements ci-dessus et des résultats des reconnaissances sur le terrain, le commandant de la X⁰ division concevra sa manœuvre de franchissement du fleuve... »

Emploi de l'aviation (¹)

Conformément aux ordres reçus, la division établit, sous le timbre du 2e bureau, à la date du 24 juin, un ordre particulier réglant l'emploi de l'aviation pour la journée du 25 juin.

Nous le reproduisons ci-après, en le faisant suivre des commentaires auxquels il a donné lieu :

« I — *Reconnaissance à la vue.* — a) Observer les mouvements sur les routes du secteur limité *au sud* par la ligne *Groslée—Ambléon—Contrevoz*, *au nord* par la ligne *Milieu—Marchamp—Rossillon*, en particulier la route *Lhuis—Ambléon—Belley* ;

« b) Les routes en question présentent-elles des traces de destruction ?

« c) Observer l'activité sur les deux voies ferrées : *Virieu—Belley, Virieu—Ambérieu*, et spécialement la gare de *Virieu*.

« d) Repérer les emplacements de batterie. »

Nota. — Cet ordre était justifié par les considérations suivantes de la division :

« Il s'agit de savoir si l'ennemi s'organise sur place et compte disputer le passage du Rhône, toutes forces réunies, ou si, au contraire, il compte ne marquer sur le fleuve qu'un temps d'arrêt. »

(¹) Pour donner plus d'intérêt à l'exercice et permettre au commandement de mettre en œuvre tous les moyens d'investigation dont la division devait être logiquement dotée, une escadrille avait été attribuée en propre à la division de manœuvre.

« II — *Reconnaissances photographiques.* — Les régions à photographier, portées sur le calque ci-joint, sont :

« Zone avancée : zone cote 304—Rix—cotes 318-335—Charantanoz—Milieu—cote 406.

« Zone arrière : zone Ambleon—Cerin—le Tantainet. »

Nota. — Cette prescription était suivie de l'explication ci-après :

« Ces régions sont choisies de façon à permettre de constater le mode d'organisation en profondeur de l'ennemi, et à en tirer des conclusions sur ses intentions. »

Les missions devaient être effectuées le 25 de 5 heures à 6ʰ 30, *sous la protection de l'aviation de chasse de l'armée.*

Commentaires. — La division a eu parfaitement raison d'exprimer tout d'abord ses desiderata et de situer dans leur cadre les renseignements qu'elle demandait à l'aviation.

Il s'agissait de se rendre compte si l'ennemi défendrait la rive droite du Rhône, ou s'il préparait soit la retraite, soit la défense plus en arrière, en un mot de rechercher *des indices.*

Mais il n'appartenait ni à la division de demander, ni à son aviation de fournir tous les renseignements que comportait la mission envisagée, et dont la recherche se traduisait par une randonnée d'une envergure beaucoup trop grande pour les besoins de la division et pour les possibilités de son escadrille.

En effet, ce qui lui importait, c'était la reconnaissance et la photographie de la *zone de ses objectifs,* c'est-à-dire de la zone comprise entre le Rhône et le *Tantainet.* C'est à l'escadrille du corps d'armée qu'il appartenait de prolonger cette mission vers l'arrière, en photographiant les emplacements de batterie que l'artillerie du corps d'armée devait contrebattre.

C'était là une répartition logique des besoins et des missions à accomplir.

De même, la division n'avait que faire d'aller explorer les voies ferrées jusqu'à *Belley* et *Virieu-le-Grand ;* pour aller observer jusque-là, les avions devaient voler assez haut, ce qui n'est pas le cas des avions divisionnaires, destinés à voler à altitude plutôt basse. Du reste, les renseignements obtenus n'auraient été pour la division d'aucune exploitation pratique.

La division devait, en effet, pour franchir le fleuve, neutraliser tout d'abord les obstacles qui s'opposeraient directement à ce franchissement.

Il y a un principe à la guerre, suivant lequel toute troupe chargée d'une mission doit pouvoir l'exécuter sans se soucier d'autre chose que de cette mission ; c'est au commandement supérieur, qui monte l'action, qu'il appartient de prendre les mesures de sécurité nécessaires pour que la mission prescrite soit remplie en toute liberté d'action, malgré l'ennemi.

Dans le cas présent, c'est le corps d'armée qui devait neutraliser l'artillerie du *Tantainet* au profit de la division de manœuvre, ainsi que les objectifs inopinés qui se présenteraient dans cette zone. Or, ces objectifs, soit qu'ils fussent constitués par des troupes en retraite ou venues en renfort, ou même préalablement installées, devaient être précisés et situés par les reconnaissances aériennes du corps d'armée et à son profit. Elles appartenaient à la catégorie des reconnaissances à longue portée [1] prescrites par le règlement sur l'observation, page 37. La détermination de la profondeur des organisations ennemies rentre dans les attributions du corps d'armée et de l'armée ; la division doit se contenter de se renseigner sur la zone rapprochée [2]. Dans ce but, le C. A. délimite les zones d'action respectives des divisions et du C. A.

Le 2e bureau de la division avait bien senti qu'il dépas-

---

[1] Toutes choses égales d'ailleurs, bien entendu, car tout est relatif.
[2] Le C. A. n'avait pas délimité les zones d'action des D. I., précisément dans un but d'instruction, pour faire naître l'occasion de traiter sur un cas concret cette question de délimitation.

sait la mesure en envoyant ses avions jusqu'à *Belley*, car il avait prévu que cette mission éloignée, qu'il donnait à son escadrille, serait accomplie « sous la protection de l'aviation de chasse de l'armée ».

C'était trop s'engager.

Ce n'est pas, en effet, à un 2e bureau de division de donner un ordre de ce genre, et de préjuger de l'emploi des escadrilles d'armée.

La règle est la suivante :

Les commandants d'aéronautique de C. A. reçoivent directement de leur corps d'armée (ou par l'intermédiaire des commandants des escadrilles divisionnaires pour les missions de ces escadrilles) communication des programmes pour le lendemain. C'est à eux seuls qu'il appartient de prévoir les moyens à mettre en œuvre en conséquence, et de s'adresser à l'aéronautique d'armée, s'ils ont besoin de renfort ou de protection.

L'ordre de la division spécifiait en outre que les reconnaissances prescrites seraient exécutées entre 5 heures et 6h 30. La marge était trop étroite.

On ne saurait, sans nécessité impérieuse, imposer à un avion de voler à une heure donnée, surtout pour une reconnaissance photographique; mais on peut prescrire qu'il soit prêt à prendre son vol à partir d'une heure fixée.

C'est là une question de commandement.

Il faut laisser le commandant de l'aéronautique juge, à charge de rendre compte, de l'exécution matérielle de la reconnaissance, dont les circonstances diverses, atmosphériques entre autres, peuvent changer les conditions.

C'est là une question de technicité.

L'observation terrestre. — En même temps que le 2e bureau de la division donnait ses ordres à l'aviation, il adressait aux officiers de renseignements des corps de troupe ses directives pour la recherche des renseignements; en particulier il prescrivait l'organisation de l'observation terrestre, tant au profit de la division que des régiments.

Les observatoires ci-après étaient organisés :

Observatoire divisionnaire. — Mamelon sud de la cote 231 (1.300 m est des Mollards).

Observatoires régimentaires. — A choisir par les régiments de façon à recouper leurs vues.

Régiment de gauche : jusqu'à la ligne *Rix—Ansolin* (inclus) au sud.

Régiment de droite : jusqu'à la ligne *Rix—Milieu* (inclus) au nord.

L'organisation de l'observatoire divisionnaire devait être faite par le Centre de renseignements avancé, installé à *Dalaignieu.*

Les observatoires régimentaires devaient être reliés d'une part au P. C. du régiment, d'autre part à l'axe de transmissions divisionnaire au central de *Dalaignieu.*

Bulletin de renseignements. — Pour satisfaire aux demandes de la division, la Direction rédigea un bulletin de renseignements répondant aux questions posées par la division à ses organes de recherche, ou donnant le résultat de recherches entreprises de son côté par le corps d'armée.

Il paraît indispensable, si l'on veut se rapprocher de la réalité et habituer les cadres à prévoir, de ne donner à la division de manœuvre, pour la zone qui l'intéresse, que les renseignements qu'elle a cherchés elle-même [1]. La division doit, en effet, satisfaire à ses propres besoins, puisqu'elle en a les moyens. En passant sous silence certains détails, auxquels elle n'a pas pensé ou qu'elle a négligés, on souligne l'omission ou l'erreur, que les événements se seraient chargés eux-mêmes de faire ressortir en campagne.

Le bulletin de renseignements, que nous ne reproduisons pas ici, comportait toutes les catégories de renseignements

---

[1] Ou qui seraient fournis par une source ne dépendant pas directement de la division.

dont une division peut avoir besoin; leur contexture sommaire incitait le 2e bureau à actionner de nouveau ses organes de recherche pour avoir une connaissance plus complète de la situation de l'ennemi.

Première couverture photographique. — En même temps que la division de manœuvre recevait les premières indications pour la mise en train des recherches, la Direction lui fournissait, outre des cartes au 1/50000e (quadrillage Lambert), une première couverture photographique de la zone qui l'intéressait, sous la forme d'un assemblage de photographies aériennes (¹).

Cette manière de faire avait un triple but :

a) Suppléer aux erreurs d'une carte d'État-major, qui n'avait pas été revisée depuis de longues années;

b) Permettre à la division de travailler sur un plan à une échelle du 1/20000e, aucun plan directeur n'existant de la région;

c) Rappeler aux exécutants qu'une *première couverture photographique* est indispensable, si l'on veut suivre pas à pas les modifications que l'ennemi peut apporter à ses organisations et au terrain.

L'assemblage en question, d'une dimension raisonnable, 40/50 cm, servit du reste pour donner à la division les résultats de sa première reconnaissance aérienne (supposée).

La Direction porta, en effet, sur l'assemblage certaines indications (organisations, batteries), qui furent données par le plastron, indications nécessaires pour actionner le 2e bureau de la division, mais insuffisantes pour lui permettre de voir clair dans la défense organisée par l'ennemi.

Lorsque la Direction répondit aux demandes de la division en date du 24 juin, par le bulletin de renseignements, dont il a été parlé précédemment, elle fournit en outre, à la division, un jeu des photographies demandées par celle-ci à son escadrille.

(¹) Constitué avec des photos prises au cours d'une reconnaissance spéciale exécutée par un avion.

Extrait de la carte de France au 1/80000e dressée par le Service géographique de l'Armée.

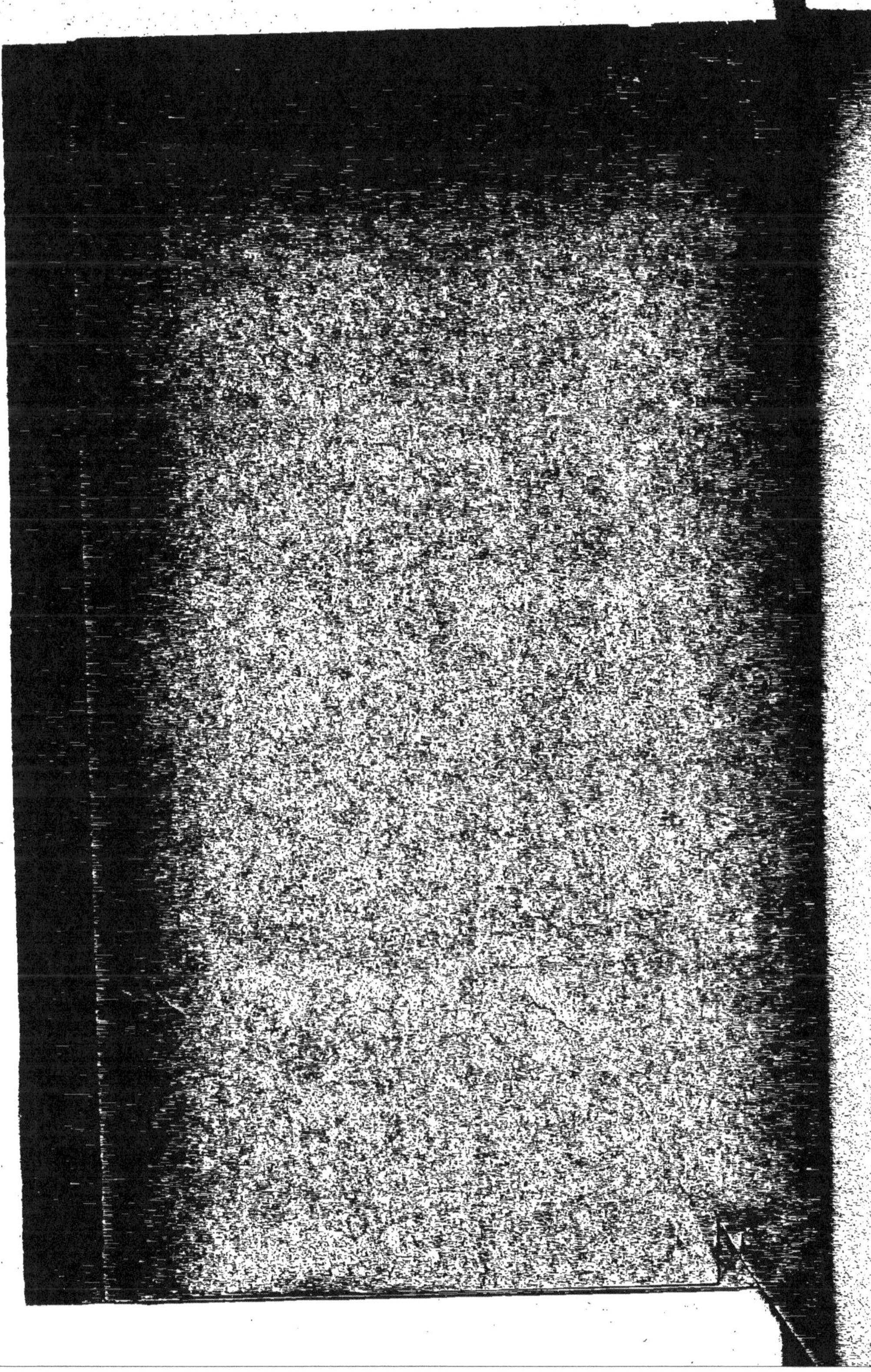

Ces photos, qui furent effectivement exécutées par un avion du régiment d'aviation de Lyon, comportaient à l'encre rouge le détail des organisations nouvelles, dont il était parlé au bulletin.

Ce procédé plaçait bien les exécutants dans une véritable situation de guerre, en même temps qu'il les intéressait, provoquait leur curiosité et leur rappelait la méthode à suivre.

La Direction bénéficiait pour l'exécution des reconnaissances aériennes de la présence sur place d'un régiment d'aviation. En outre, la proximité du terrain de la manœuvre et du terrain d'atterrissage (Lyon) facilitait l'exécution de ces reconnaissances. Mais il ne faut pas s'exagérer les difficultés qu'on pourrait rencontrer, si le corps d'armée ne dispose pas d'un régiment d'aviation. Les escadrilles sont, en effet, mises facilement à contribution par des corps d'armée voisins, et, pratiquement, la question de la distance ne se pose pas; seule l'existence d'un terrain d'atterrissage entre en ligne de compte; or il n'est pas de région, où l'on ne puisse trouver pour l'instruction au moins des terrains de secours.

Le travail préparatoire à exiger de l'aviation peut donc, en tout état de cause, être fait dans des conditions analogues à celles que nous venons de signaler.

II — Organisation de la représentation de l'ennemi
Le plastron

L'obligation de fournir à la division de manœuvre des renseignements vraisemblables et en quantité suffisante pour donner de l'intérêt à la manœuvre, nécessitait en premier lieu l'étude de la constitution et du maniement d'un plastron.

Les mesures suivantes furent prises : Un bataillon, fourni par la garnison la plus rapprochée du lieu de la manœuvre, fut désigné pour figurer l'ennemi (un régiment). Muni des directives du corps d'armée, le commandant de ce bataillon procéda à une reconnaissance sur le terrain de la zone à occuper par son unité; à la suite de cette reconnaissance. il fournit à la Direction de la manœuvre les croquis suivants établis en prenant pour base la carte au 1/50000e (quadrillage Lambert) :

1º Un croquis au 1/20000e détaillé des *quartiers de bataillon* en indiquant les positions occupées, avec les effectifs des garnisons, les P. C., les emplacements des mitrailleuses et engins d'accompagnement, les emplacements des observatoires de commandement;

2º Un croquis au 1/20000e montrant les *organisations défensives*, qui seraient entreprises en réalité pour la défense des différentes positions, le but à réaliser étant, en premier lieu, d'interdire à l'ennemi de prendre pied sur la rive droite du fleuve;

3º Un croquis au 1/20000e montrant pour chaque position l'agencement du *plan de feu* avec indications des objectifs principaux.

Le détail de ces organisations fut arrêté définitivement, lors d'une reconnaissance sur le terrain, par l'officier chargé, à la Direction, de la manœuvre de l'ennemi.

Ce sont ces organisations, qui furent reproduites en partie, à l'encre rouge, sur l'assemblage photographique établi pour la division de manœuvre.

En outre, il fut tiré des croquis ci-dessus, mis au point, un certain nombre d'exemplaires, qui devaient être distribués aux arbitres. Il en sera parlé plus loin.

Représentation de l'ennemi. — Le bataillon désigné pour constituer le plastron représentait un régiment établi sur une position défensive de 4 km environ.

Chaque compagnie de F. V. occupait un quartier de bataillon.

Dans chaque quartier, suivant les indications de la Di-

rection, la compagnie occupait les différentes positions
étudiées, avec un effectif fixé d'avance.

Jusque-là aucune difficulté; le nombre d'hommes et le
matériel disponibles étaient suffisants pour pouvoir figurer,
dans chaque quartier, les différents organes d'un bataillon.

Restait la question de *figuration*, qui prenait toute sa
valeur, si l'on voulait faire fonctionner à la fois l'observation aérienne et l'observation terrestre.

La difficulté commençait lorsqu'il s'agissait de laisser
à tous les organes leur fonctionnement normal, sans qu'il
fût nécessaire d'alimenter chacun d'eux de renseignements
par le moyen de papiers écrits préparés par les arbitres.
Car, s'il eût été possible à la rigueur, par ce moyen, de donner
un semblant d'existence à l'observation terrestre, ce procédé n'aurait pas habitué les observateurs à *chercher* et à
observer. D'autre part l'observation aérienne aurait été
nulle.

Il fallait donc trouver un moyen qui fît *vivre* les observateurs terrestres et aériens, qui permît à chacun de relater
réellement ce qu'il aurait vu et de rendre compte par écrit.

Voici le procédé qui fut adopté.

La figuration matérielle devait concerner trois sortes
d'éléments :

1º Les moyens de feu de l'infanterie;

2º Les batteries;

3º Les organisations.

Il y avait tout d'abord un principe à poser; c'est que la
figuration devait être *unique* et servir aussi bien pour l'observation aérienne que pour l'observation terrestre; il n'y
aurait donc qu'un seul code pour l'une et l'autre, et choisi
de telle façon que chaque observateur ne voie de l'ennemi
que ce qu'il verrait dans la réalité.

En outre il fallait que la photo pût faire ressortir, sur
le cliché lui-même, le signe conventionnel adopté dans le
code, afin de mettre le service de renseignements de l'a-

viation en mesure de faire une interprétation rudimentaire des photos prises.

Enfin, en ce qui concerne l'exécution des feux, il fallait d'une part que l'aviation pût repérer les coups de départ de l'artillerie et, d'autre part, que les observateurs terrestres fussent mis à même, comme dans la réalité, de chercher à situer les engins de feu de l'infanterie, ce qui constitue au combat le plus délicat de leur tâche.

Représentation des feux.

Infanterie :

a) *Les mitrailleuses légères ou F. M.* étaient représentées par un homme exécutant quelques tirs rapides au F. M.

b) *Les mitrailleuses lourdes* par un groupe de 3 hommes exécutant à la mitrailleuse quelques rafales très courtes.

Un fanion rouge devait en outre être agité par un des hommes pendant toute la durée qu'aurait eu le tir réel.

c) *Canons de 37, Stockes, engins de tranchée en action.* — Un groupe de trois hommes allumant un marron éclairant.

Un fanion blanc devait en outre être agité par un des hommes pendant la durée qu'aurait eu le tir réel.

Nota. — Le procédé des fanions, qui pouvait paraître avoir l'inconvénient de trop préciser aux observateurs les emplacements des engins, avait été néanmoins adopté *dans un but d'instruction*, pour permettre de s'assurer si les recoupements des observateurs avaient été bien faits. Du reste, sur toute l'étendue de la zone confiée à la surveillance de chacun d'eux, il n'était pas toujours facile de découvrir les fanions pendant le court intervalle de leur apparition, et force était aux observateurs de procéder méthodiquement par tranches successives du terrain pour arriver à situer les engins de feu en action. Par la suite, les fanions devaient être supprimés pour se rapprocher davantage de la réalité.

d) *Pièce d'artillerie en action.* — Allumage d'un feu de bengale blanc (75) ou rouge (calibre supérieur au 75).

Ce procédé, évidemment peu conforme à la réalité, parce qu'il situait la batterie pendant un temps trop long, avait été adopté faute de mieux. Mais il suffisait pour faire travailler l'aviation.

Représentation des organisations. — Les premiers travaux exécutés par l'ennemi ressortaient sur le premier assemblage photographique.

Pour que l'aviation fût à même de repérer les nouveaux, soit à la vue, soit par la photo, le procédé suivant fut adopté :

Tranchées. — L'emplacement de la tranchée devait être indiqué par une série de petits panneaux de jalonnement carrés réglementaires, placés *horizontalement* suivant le tracé de cette tranchée, de manière à en préciser les extrémités et le milieu.

Dans le cas où la situation des tranchées nouvelles sur le terrain permettrait aux observateurs terrestres de les découvrir (c'était là une affaire à régler avant la manœuvre par une reconnaissance sur le terrain), les panneaux seraient inclinés à 45° et maintenus par un piquet ; de cette façon, ils pouvaient être repérés à la fois de terre et de l'avion.

La liste des tranchées à figurer était donnée par la Direction au commandant du plastron, pour chaque journée de travail.

Abris. — ***P. C.*** — ***Observatoires.*** — Ces organisations, d'allure semblable et se décelant par des travaux de dimensions plus importantes que des tranchées, devaient être figurés au moyen d'un drap de lit placé horizontalement, ou légèrement incliné, dans le cas où il pouvait être repéré par l'observation terrestre.

Emplacements de batteries. — Un panneau rectangulaire de signalisation de 4 m de longueur placé horizontalement sur le sol.

Cette figuration ne s'appliquait qu'aux emplacements en

plein champ et qui eussent été nettement visibles. D'autre part, elle était indépendante de l'entrée en action des batteries en question.

III — ORGANISATION DU SERVICE DE RENSEIGNEMENTS ET DE L'ARBITRAGE

La manœuvre ayant été mise en train, les documents et ordres préliminaires distribués, la représentation de l'ennemi établie, restaient à donner les directives, suivant lesquelles fontionneraient :

— le service des renseignements à tous les échelons;

— le service de l'arbitrage.

Le fonctionnement du service de renseignements devait comprendre la mise en jeu de tous les organes, dont serait normalement dotée une division, suivant les ordres à donner par le 2e bureau de cette division et les directives générales de la Direction.

Nous précisons ci-après ces directives :

A — *Organisation.*

Aviation. — L'escadrille divisionnaire était représentée par son chef, cumulant en même temps les fonctions d'officier de renseignements de l'aéronautique (S. R. Aé). Il disposait de deux motocyclistes.

Les missions, données chaque jour par le général commandant la division, devaient être réellement exécutées par des avions, qui partiraient du terrain de Bron et feraient connaître le résultat de leurs investigations, soit par T. S. F., soit par message lesté, soit par photo, suivant le cas, et suivant les ordres donnés par le général commandant la division.

En ce qui concerne les photos, les clichés devaient être développés à Bron, à la descente de l'avion, et les épreuves comporter, à l'encre de couleur, la représentation des organisations de l'ennemi, qui auraient été révélées sur le terrain par le plastron, suivant le code conventionnel préétabli. Aussitôt après interprétation par l'aviation, les photos seraient expédiées par moto, un exemplaire à la division, un à la direction.

Chaque jour la division devait donner à son escadrille des missions, courtes et peu nombreuses, ne comportant que des reconnaissances à faible portée, au profit du commandement. Ces missions, reçues par le chef de l'escadrille, devaient être adressées par lui, pour exécution, au terrain d'aviation de Bron, où les mesures nécessaires seraient prises.

Observation terrestre. — Chaque régiment devait être doté d'un poste d'observation muni d'une équipe d'observateurs et du matériel nécessaire à son fonctionnement.

L'observation devait être permanente.

Comme dans la réalité, les observateurs auraient à noter tous les indices ou manifestations de la présence de l'ennemi. Le plastron devait agir en conséquence, suivant un programme réglé par la direction.

Les comptes rendus seraient fournis d'après les ordres donnés par les commandants de régiment (en exécution du *plan d'observation* établi par le 2e bureau de la division) et centralisés par les officiers de renseignements des régiments.

Le *plan d'observation* de la division devait être adressé à la direction, avec un croquis donnant, pour chaque observatoire, la zone à surveiller.

Écoutes. — La nature particulière du terrain de la manœuvre, coupé par le Rhône, empêchait l'utilisation des écoutes téléphoniques. Seules les écoutes radios devaient fonctionner, en vue de dresser le personnel et de montrer aux officiers de renseignements la possibilité de les organiser, conformément aux indications de l'Instruction sur la liaison du 26 mai 1923, article 315, page 107.

Il ne pouvait être organisé de postes d'écoute de T. P. S,

dont le rendement aurait été vraisemblablement nul, à cause du fleuve.(¹).

Les écoutes devaient donc être réalisées au moyen des postes P. P. 4 des régiments et des postes E 10 de l'I. D. et de la division.

A cet effet, on supposait, *dans un but d'instruction*, et bien que les règlements interdissent dans toutes les armées les messages radios en clair, que des conversations de ce genre seraient cependant échangées chez l'ennemi (²), soit au moyen de P. P. 4, soit au moyen de postes E 10; il s'agissait de les traduire et de les utiliser au 2ᵉ bureau. Les postes P. P. 4 aux écoutes devaient, de leur côté, passer aux officiers de renseignements des régiments les messages interceptés; tous les messages chiffrés devaient être adressés à la direction pour contrôler l'exactitude de leur transcription.

La période des écoutes était réglée et les messages, à envoyer par l'ennemi, préparés au 2ᵉ bureau de la direction.

Autres sources de renseignements. — Les autres sources de renseignements normalement à la disposition de la division (prisonniers, documents) devaient être utilisées dans la mesure fixée par la direction. En ce qui concerne les prisonniers, le 2ᵉ bureau de la division devait établir, dans un but d'exercice, des questionnaires, qui seraient adressés à la direction. Celle-ci y répondrait par une somme de renseignements, qui donneraient lieu à des comptes rendus détaillés d'interrogatoires établis conformément aux prescriptions de la D. M. 2325 10/11 du 27 mars 1923 sur l'exécution des manœuvres de cadres.

(¹) Dans un cas moins spécial, et en l'absence de rivière, les écoutes téléphoniques et de T. P. S. auraient été organisées suivant le même système que les écoutes de T. S. F.

(²) Malgré toutes les prescriptions, il y aura des moments où la nécessité d'agir vite imposera, malgré les inconvénients qui en résulteront, la transmission de messages en clair; à certaines périodes de crise, l'obligation du chiffrement et du déchiffrement est une perte de temps.

B — ***Fonctionnement.*** — Le 2ᵉ bureau de la division et les officiers de renseignements des corps de troupe devaient établir tous les documents, croquis et comptes rendus réglementaires.

En particulier, les comptes rendus de fin de journée devaient être adressés par les officiers de renseignements des corps de troupe à la division à l'heure fixée par elle. Pour établir ces comptes rendus, les officiers de renseignements devaient faire état de toutes les indications reçues de leurs observatoires et des arbitres.

La contexture des comptes rendus leur avait été donnée au cours du stage d'instruction organisé à l'état-major du corps d'armée.

De même, le 2ᵉ bureau de la division devait adresser à la direction, en fin de journée, un compte rendu faisant état de tous les renseignements des corps de troupe et des organes de recherche divisionnaires.

Arbitrage. — La circulaire du 15 janvier 1924 sur l'instruction des cadres prescrit (page 23) que, pour chaque manœuvre, il doit être établi une instruction fixant les modalités d'application des dispositions réglementaires de l'Instruction générale sur l'arbitrage; il s'agit en l'occurrence de la notice du 5 juin 1925.

Cette notice définit le but de l'arbitrage.

Elle fait ressortir en particulier que ce but est, tout d'abord, de tenir compte des effets du feu; et, à ce propos, elle souligne l'importance qu'il y a à ne pas révéler à la troupe de manœuvre les emplacements exacts des engins de feu de l'ennemi, *sans qu'elle ait à faire effort pour les trouver elle-même*, et à ne pas supprimer ainsi bénévolement *l'un des problèmes les plus difficiles que la troupe ait à résoudre à la guerre.*

Pour répondre à ce but, la notice de 1925 prévoit tout un système d'arbitrage, bien adapté au but qu'on se propose, lorsqu'il s'agit d'une manœuvre avec troupe où l'étude des opérations est seule en jeu, mais qui ne répond plus qu'imparfaitement aux besoins, lorsqu'il s'agit d'une manœuvre avec cadres, au cours de laquelle doit fonctionner le service de renseignements.

En effet, dans ce genre de manœuvre, ce n'est plus seulement un service d'arbitrage qui est nécessaire, c'est-à-dire le rappel opportun à la réalité, mais encore un service de fourniture de renseignements.

La notice du 5 juin 1925 prévoit, il est vrai, que l'action des arbitres vis-à-vis des exécutants se manifeste sous la forme de *bulletins* contenant les renseignements, que l'exécutant pourrait se procurer par ses propres moyens, et assez complets et assez concis pour lui permettre de vivre la situation, telle qu'elle serait dans la réalité. Mais c'est précisément l'établissement et la distribution de semblables bulletins qui, dans une manœuvre de cadres de l'envergure d'une division, va à l'encontre de l'un des buts qu'on se propose, c'est-à-dire du fonctionnement à tous les échelons du service de renseignements.

En effet, la notice du 5 juin (IIe partie, § 11, art. *b*) (Action des arbitres) stipule que les bulletins de renseignements doivent parvenir au chef intéressé par la même voie qu'en temps de guerre. Or, cette voie est la voie descendante, puisque, normalement, les bulletins viennent de l'armée ou du corps d'armée. Si la communication par la voie descendante est naturelle pour mettre les subordonnés au courant de la situation d'ensemble, c'est-à-dire pour l'*exploitation* des renseignements, elle ne l'est plus du tout pour la *transmission* des renseignements qui, recueillis sur le front, doivent emprunter la voie ascendante jusqu'aux 2es bureaux chargés de les étudier.

D'ailleurs, le principe adopté « qu'il faut éviter de fournir aux exécutants les données qu'ils doivent se procurer par leurs propres moyens » est mis en défaut par le système des bulletins. Ce principe, qui concerne, indépendamment de la situation des troupes amies, la détermination des éléments ennemis, ne trouve son application, dans la notice du 5 juin 1925, qu'en ce qui concerne les emplacements des engins de feu. La détermination de ces emplacements rentre dans l'étude du *contour apparent*, réservée aux officiers de renseignements des corps de troupe. Mais il existe d'autres sources d'informations, dont l'utilisation permet aux officiers de renseignements et aux 2es bureaux de faire œuvre de sagacité et d'activité : tels sont les interrogatoires de prisonniers, l'étude des documents, les écoutes, la photo.

Sans doute, la mise en œuvre des moyens divers de figuration, que nous avons exposés plus haut (fanions, fusées, panneaux), est délicate et complexe. Mais si l'on admet que les manœuvres à simple action sont les seules profitables, cette complexité est réduite à bien peu de chose par la manœuvre d'un plastron, dont la mobilité ne sera pas entravée par le transport de quelques panneaux ou artifices. La figuration des éléments ennemis ne peut évidemment être faite avec intérêt et avec facilité que pour une manœuvre de petite envergure; pour la division, c'est possible.

On arrive donc à conclure que les bulletins de renseignements, dans la forme où ils ont été visés par la notice de 1925, n'ont plus la même raison d'être (¹) dans une manœuvre de cadres, au cours de laquelle on veut faire fonctionner le service de renseignements.

Nous venons de montrer comment l'on peut concevoir ce fonctionnement en laissant aux divers organes de recherche la même latitude qu'en campagne. En fait, les 2es bureaux et les officiers de renseignements n'auront guère à recevoir des arbitres que des renseignements autres que ceux qu'il leur est possible de se procurer eux-mêmes, c'est-à-dire, par exemple, les manifestations diverses de

---

(¹) En tant que documents destinés à fournir des renseignements de détail. Il reste bien entendu qu'un bulletin initial est indispensable pour orienter les exécutants sur le sens général de la manœuvre et leur fournir un minimum de données sur la situation de l'ennemi.

l'ennemi *en dehors de chez lui* : bombardements, arrosages d'obus toxiques, tirs etc... Ce seront à peu près les seuls que les arbitres auront à fournir. A cet effet, des fiches très sommaires de renseignements suffiront pour chaque cas particulier.

Pour nous résumer, nous dirons que le service de l'arbitrage, défini par la notice du 5 juin 1925, est insuffisant pour une manœuvre avec fonctionnement normal du service de renseignements. Dans ce cas, les arbitres ne doivent plus être seulement des arbitres, mais aussi des fournisseurs de renseignements aux éléments divers participant à la manœuvre, de façon à assurer le jeu normal des comptes rendus.

Organisation pratique. — Partant des considérations ci-dessus, les instructions générales qui avaient été données étaient les suivantes :

Les arbitres (à raison de un par régiment d'infanterie et un par groupement d'artillerie) [1] devaient connaître, par les renseignements de la direction et les croquis de l'organisation adverse dont il a été parlé déjà, la situation de l'ennemi dans le secteur dont ils seraient chargés, et en faire état pour fournir aux régiments les renseignements de détail, dont ils auraient normalement connaissance pour l'exécution de la manœuvre (bombardements, destructions, tirs divers, etc...), ou que les officiers de renseignements demanderaient à leurs organes de recherches. Ces demandes seraient adressées sous forme de questionnaires aux arbitres, qui y répondraient dans la seule mesure où les régiments pourraient se procurer eux-mêmes les renseignements [2].

Tous les renseignements seraient fournis par les arbitres

---

[1] Leur nombre varie, bien entendu, avec l'ampleur que l'on veut donner à la manœuvre et les détails d'exécution qu'on se propose d'obtenir.

[2] Ce procédé implique la présence permanente des arbitres au P. C. de l'unité à laquelle ils sont affectés.

aux seuls éléments qui les recueilleraient en réalité; la direction devait se charger elle-même de fournir à la division, à l'I. D. et à l'A. D. les renseignements qui seraient recueillis par des organes autres que ceux du front même.

Ce procédé, ayant pour base une large décentralisation, diminuait d'autant le travail de la direction et donnait à la manœuvre plus de vie et plus d'intérêt.

CHAPITRE II

EXÉCUTION DE LA MANŒUVRE

—

Nous venons d'exposer comment on pouvait *préparer* une manœuvre de cadres sur le terrain pour la rendre intéressante au point de vue de la recherche du renseignement et faire fonctionner normalement un 2e bureau.

Nous nous proposons maintenant de montrer, sur le même cas concret, comment on pourrait concevoir le développement de la manœuvre envisagée.

De même que nous avons énuméré dans quel ordre logique les recherches du 2e bureau devaient être effectuées pendant la préparation, de même nous envisagerons, pendant l'exécution de la manœuvre, les diverses opérations concernant le service de renseignements dans l'ordre raisonné de leur importance et de leur urgence.

***

Il s'agit d'abord :
— *de préparer* le franchissement de la rivière;
— *d'exécuter ce franchissement.*

Au point de vue du renseignement, cette obligation se traduit par les opérations suivantes (¹) :

1º Repérer avec toute la précision possible les engins de feu ennemis pouvant s'opposer au franchissement de

---

(¹) Indépendamment, bien entendu, de toute étude relative aux questions techniques comportant, par exemple, la mise à l'eau des bateaux, la préparation des portières, etc.

la rivière, sur le front compris entre la cote 406 (ouest de *Lhuis*) et la croupe 318 au nord du *port de Groslée;*

2° Reconstituer le plan de défense ennemi, c'est-à-dire tout d'abord son plan de feu, puis l'emplacement de ses réserves et leurs possibilités d'action.

La situation du parti Ouest, bien que spéciale, puisque ce parti a devant lui un gros obstacle passif à franchir, n'infirme en rien les principes et ne complique en rien le travail du service de renseignements.

L'obstacle du fleuve n'est qu'un élément de plus, qui va évidemment rendre plus malaisée l'exécution de l'opération à monter; mais, cet obstacle mis à part, le détail des recherches nécessaires à la préparation de la manœuvre reste le même; ces recherches sont celles qu'entraîne tout projet d'offensive, c'est-à-dire qu'il s'agit uniquement de *découvrir et de situer des objectifs.*

La tâche du 2e bureau de la division, pendant la période plus ou moins longue de la préparation de l'attaque, va donc consister à mettre sur pied une *carte des objectifs d'artillerie* (¹).

Cette carte, rappelons-le, est une synthèse de tous les renseignements recueillis à la fois par le 2e bureau, le S. R. A. et l'aviation. Elle est établie par le 2e bureau, de concert avec le S. R. A.

Elle est destinée à permettre l'établissement du plan d'emploi de l'artillerie.

PREMIÈRE JOURNÉE DE MANŒUVRE

I — ÉLABORATION DE LA CARTE DES OBJECTIFS D'ARTILLERIE

Nous avons admis qu'au cours de l'exercice sur le ter-

(¹) Se reporter à ce sujet à l'ouvrage *Étude sur le fonctionnement interne d'un 2e bureau en campagne,* p. 272.

rain, on consacrait une journée à l'établissement de la carte des objectifs. Ce laps de temps est évidemment court, beaucoup plus court qu'il le serait en réalité. La situation considérée est, en effet, toute nouvelle; on sait encore très peu de chose sur le dispositif de l'ennemi (1) de l'autre côté du Rhône; or, on l'a déjà vu, le premier travail du 2e bureau est de chercher à *définir* ce dispositif. D'autre part, la préparation matérielle de franchissement du fleuve demandera un temps appréciable; il faudra faire la reconnaissance des points de passage (2), amener les troupes et le matériel à pied d'œuvre, etc..., opérations dont l'étude effective par les cadres sur le terrain demanderait en réalité plusieurs jours, mais qu'on pourra, lors de l'exercice, bloquer en une journée. C'est dans le cours de cette journée que le 2e bureau travaillera à l'établissement de sa carte des objectifs.

Pour remplir son but, cette carte doit présenter une somme de renseignements minimum. Il est bien évident que plus on aura de ces renseignements, c'est-à-dire plus on aura d'indications précises sur le dispositif ennemi, plus il sera facile de monter l'attaque. Mais il faudra le plus souvent se contenter de ce qu'il sera possible d'avoir dans un temps limité. On voit tout de suite que le rendement sera d'abord fonction de l'organisation du service de renseignements.

Quelles indications devra comporter la carte des objectifs?

Retournons-nous vers le 3e bureau, et demandons-lui comment il compte exécuter le franchissement du fleuve. Car tout est là; le 2e bureau agit pour le 3e, c'est-à-dire pour les metteurs en scène des ordres du commandement (3).

---

(1) Et il en sera ainsi toutes les fois que, le contact venant d'être pris, on voudra monter une attaque.

(2) La reconnaissance exécutée par le génie avait amené à choisir, pour le franchissement du fleuve, la partie comprise entre le *château de Mérieu* et la corne sud du lac « le Chêne ».

(3) Quand nous disons 3e bureau, c'est pour bien montrer la relation de

Nous procédons ici par analyse, c'est-à-dire nous étudions dans l'ordre logique les opérations à exécuter, pour en déduire l'urgence des recherches.

Le *plan d'attaque* du C. A. comporte pour la division :

1º La destruction ou la neutralisation des obstacles rapprochés (nids de mitrailleuses, engins d'infanterie, organes de flanquement, observatoires, P. C., etc., ayant action sur le front château de *Mérieu—le Carré*;

2º La destruction ou la neutralisation des soutiens et des réserves de la première position occupée par l'ennemi, entre 346 et 351;

3º La destruction ou la neutralisation des batteries ennemies et de leurs organes divers (dépôts, observatoires, etc.), s'il s'en trouve en deçà de la ligne des premiers objectifs.

Ce programme d'action fixe le programme de recherches, qui comporte à son tour la détermination :

1º Des engins de feux d'infanterie ennemie, de la répartition sur le terrain des unités de première ligne, de leurs soutiens et de leurs réserves, de leurs organisations;

2º Des batteries et de leurs organes;

3º Des communications,

c'est-à-dire, en somme, trois catégories de renseignements qui seront demandés :

Les premiers, à l'observation terrestre et aérienne (observation d'infanterie et photos);

Les deuxièmes, à l'observation aérienne (à vue et photos);

Les troisièmes, à la photo et aux observatoires d'artillerie (¹).

Comme on le voit, c'est principalement à la photo qu'on aura recours. Ce qui revient à dire que la réalisation de

---

cause à effet et motiver l'activité du 2ᵉ bureau. Pratiquement, il y a entente avec le 3ᵉ bureau sous l'autorité du chef d'état-major, qui règle la mise en scène.

(¹) Dans le cas considéré, nous négligeons les prisonniers et les documents, dont il est bien improbable qu'on puisse s'en procurer dans les circonstances actuelles. Cependant, ce sont deux sources de renseignements auxquelles on ne manquera pas de puiser.

la carte des objectifs sera aussi fonction du temps. C'est
là, il faut l'avouer, un handicap sérieux, qui pourra retar-
der parfois considérablement l'exécution de la manœuvre,
si l'on ne veut pas se jeter à l'aventure dans une attaque
insuffisamment préparée. Il en sera malheureusement ainsi
dorénavant avec la puissance des armes modernes, dont
la précision et le pouvoir de destruction réclament de plus
en plus d'exactitude dans les recherches du service de renseignements de l'assaillant.

En un mot, l'attaque, pour réussir, devra être minutieu-
sement montée; autrement dit, *le plan d'emploi de l'artillerie* devra être établi sur des bases aussi exactes que possible, si l'on ne veut pas « taper à côté » et s'exposer à des
mécomptes. C'est ce à quoi le commandement devra viser,
quand il aura tout loisir de perfectionner la préparation de
son action. Mais, dans la plupart des cas, le temps dont
il disposera ne lui permettra pas de monter l'attaque aussi
sûrement qu'il le voudrait; le service de renseignements
ne pouvant donner plein essor à tous ses organes de recherches, il sera d'autant plus utile et urgent de le bien orienter
en temps utile, pour qu'il ait pu, avant que le chef prenne
sa décision, lui donner les moyens de le faire avec plus
de sagacité. De toutes façons, plus le temps dont il disposera pour monter sa manœuvre sera réduit, plus le commandement devra faire preuve de prévoyance dans ses
recherches et dans sa décision, plus il devra donner de
souplesse à son dispositif, mieux il devra assurer la liaison
des armes, en particulier entre l'aviation et l'artillerie,
en vue de permettre à cette dernière de contrebattre utilement et à temps les objectifs inopinés.

Méthode pratique. — Étudions maintenant comment,
dans la pratique, les renseignements nécessaires à l'établissement de la carte des objectifs vont être recueillis,

coordonnés et exploités au cours de l'exercice sur le terrain.

Travail du 2ᵉ bureau. — Le 2ᵉ bureau joue le rôle d'animateur ; il donne à l'aviation les *ordres de missions photographiques.*

Ces missions remplies, les photos prises seront étudiées :

Par le S. R. A. en ce qui concerne l'artillerie ;

Par le 2ᵉ bureau, en ce qui concerne les organisations diverses et le terrain.

Pratiquement, au cours de l'exercice sur le terrain, il doit être possible à ces deux organes de commencer l'étude en question trois heures à trois heures et demie après l'atterrissage des avions.

Cette disposition suppose non seulement l'existence, pas trop loin du lieu de l'exercice, d'un terrain d'atterrissage, mais aussi celle d'une base d'aviation munie d'une section photographique. Dans le cas où ces deux éléments seraient à trop grande distance, on pourrait faire exécuter les missions photographiques la veille du premier jour de la manœuvre (le plastron étant en place et fonctionnant déjà ce jour-là), de façon que les jeux de photos puissent parvenir aux intéressés le premier jour de l'exercice, et leur exploitation être commencée incontinent.

En dehors des renseignements photographiques, le 2ᵉ bureau aura à centraliser les renseignements et recoupements des *observateurs terrestres* d'infanterie. Pour si minimes qu'ils soient, ces renseignements sont cependant importants, car ils font état de l'activité de la première ligne ennemie, et les observateurs seuls peuvent définir cette activité.

Normalement, les renseignements de l'observation terrestre figurent dans les comptes rendus des officiers de renseignements des corps de troupe transmis à la division dans la soirée.

Pour se rapprocher de la réalité, il sera bon, au cours

de l'exercice sur le terrain, de laisser au service de renseignements des corps de troupe son jeu normal et de tenir la main à *l'envoi à la division des comptes rendus réglementaires*. Le 2e bureau les centralisera, les étudiera et en rapprochera les résultats de ceux qu'il aura obtenus par les photos. Suivant le scénario qui aura été réglé par la Direction, le 2e bureau de la division d'infanterie fixera l'heure d'arrivée des comptes rendus. Le premier jour, on pourrait en avancer l'heure pour permettre la réunion quotidienne dans le courant de l'après-midi (Voir ci-après).

Rôle du 2e bureau dans l'étude des photos. — L'étude de détail des batteries doit être du ressort particulier du S. R. A. Sans négliger l'étude d'ensemble de l'artillerie, le 2e bureau s'attachera plus spécialement à celle des organisations ennemies. Son attention portera en particulier sur *la détermination des organes de flanquement*. Nous avons dit, plus haut, que la tâche du 2e bureau est d'essayer de comprendre le plan de feu de l'ennemi. Voyons comment y arriver, en ce qui concerne l'infanterie, par l'étude des photos.

Le résultat de cette étude doit être divulgué sous la forme d'un croquis ou d'un agrandissement photographique de la région intéressée, figurant par des flèches les mitrailleuses probables aux points dont on doit se méfier. Beaucoup d'attaques locales ont été préparées de cette façon au cours de la dernière guerre et beaucoup de vies humaines épargnées, car les points dangereux en question, signalés à l'artillerie, étaient l'objet de tirs bien préparés et concentrés. C'est donc sur la découverte de ces points dangereux que doit porter l'attention, dans les 2es bureaux, des spécialistes de la photographie. Des mitrailleuses, on en trouve sur tout le front; on tapera souvent dans le tas; l'artillerie pilonnera avant l'attaque toute la zone de ses objectifs, mais elle accordera plus volontiers sa sollicitude à certains points situés en arrière de la première ligne, soigneusement camouflés, vraisemblablement occupés par des mitrailleuses ou des engins antitanks, qui ne dévoileront qu'à la dernière minute leurs feux d'enfilade ou d'écharpe.

Dans le but de marquer l'importance de cette détermination du plan de feux ennemi, on procédera sur le terrain de la façon suivante :

Le plan de feux du plastron ayant été établi (Voir croquis ci-joint), la Direction, suivant les événements qu'elle voudra faire naître au cours de la manœuvre, fera ou non déceler les engins ennemis par la photo (¹). Elle en retiendra un nombre tel, que la connaissance du dispositif ennemi par le parti de l'attaque soit suffisante pour lui permettre une orientation raisonnée des tirs de son artillerie. En ces points, le plastron fera apparaître au moment voulu les signes conventionnels très visibles, qui auront pu être convenus et que l'aviation pourra photographier. Le croquis du programme photographique à réaliser chaque jour étant transmis à la Direction, il sera facile à celle-ci de donner au plastron des ordres dans ce sens. Mais, pour laisser le 2ᵉ bureau travailler dans des conditions se rapprochant le plus possible de la réalité et le forcer à chercher le renseignement, *l'aviation ne devra photographier que les points dont la photo lui aura été demandée.*

Exemple concret. — Pour fixer les idées prenons un exemple.

Le croquis ci-joint donne le plan de feux établi par le plastron. C'est ce plan de feux, lié étroitement au tracé des organisations ennemies (et que le 2ᵉ bureau connaît déjà par la photo), que la Direction va révéler peu à peu à ce dernier.

Par exemple, elle décidera que le signe conventionnel

(¹) En principe, les observateurs d'infanterie seront dans l'impossibilité de les découvrir.

sera figuré lors d'une première reconnaissance photo aux points A, C, N, G et H. Elle réservera pour le cours de l'exercice la divulgation des engins situés en B, D et F, K et L, se ménageant ainsi la possibilité de donner à la manœuvre l'allure qu'elle décidera. Les officiers arbitres, connaissant cette décision, en feront état sur le terrain, en informant le commandant de l'unité chargé d'attaquer au sud de Vezerel, par exemple, qu'il est pris sous les feux d'une mitrailleuse (à chercher), qui pourra être par exemple la mitrailleuse E.

Le 2e bureau portera donc, sur sa carte des objectifs, la petite flèche conventionnelle figurant une mitrailleuse (1) ou un M W aux points A, C, N, G et H; ces points seront alors désignés par l'artillerie divisionnaire comme des objectifs à contrebattre lors de la préparation de l'attaque.

Évidemment tout ceci est bien imparfait et ne touche à la réalité de la guerre que d'assez loin. Mais l'essentiel, nous l'avons dit, n'est pas d'essayer au cours de l'exercice de rétablir exactement la réalité, mais de souligner l'importance de la *préparation* d'une attaque par l'étude du dispositif ennemi et la recherche des objectifs.

Travail du S. R. A. — Pendant que le 2e bureau étudie de son côté les renseignements d'infanterie et les photos, le S. R. A. recueille les renseignements de l'artillerie, et procède à l'exploitation des mêmes photos.

En principe, l'un des officiers faisant partie de l'état-major de l'artillerie divisionnaire est chargé du service de renseignements. Ce service existe organiquement; l'Instruction sur l'organisation et le fonctionnement des états-majors en campagne du 28 mai 1924 spécifie, en effet (p. 38, art. 101) que le 2e bureau de la division d'infanterie met en

---

(1) Dans la réalité, ce qu'on trouvera sur la photo, ce ne seront pas *les mitrailleuses*, mais des points où l'on présumera qu'il peut y en avoir, soit par la configuration des organisations, soit par comparaison avec des renseignements d'autres sources.

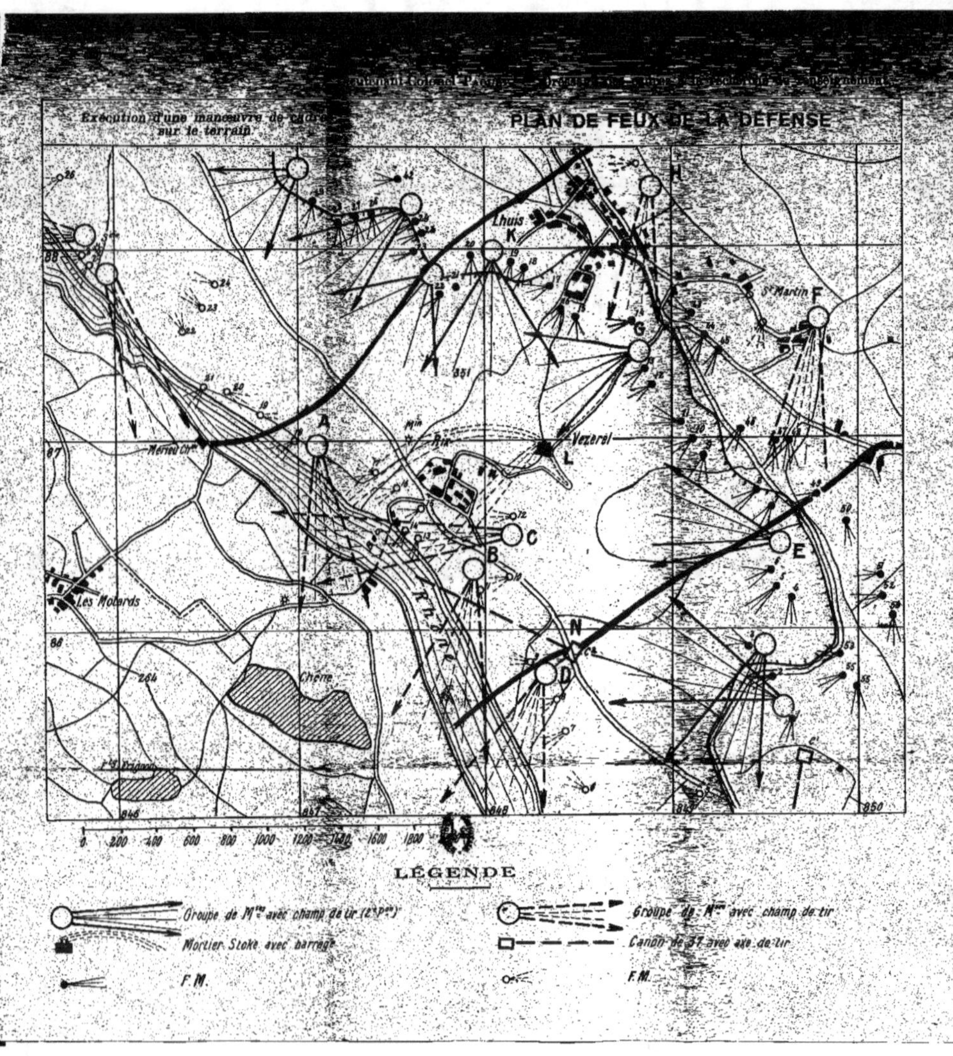

Exécution d'une manœuvre de cadres sur le terrain.
PLAN DE FEUX DE LA DÉFENSE
Lhuis
K
St Martin
F
G
Vezeral
L
A
Merieu Ch.
C
B
E
N
D
Les Motards
Chêne
0 200 400 600 800 1000 1200 1400 1600 1800
LÉGENDE
Groupe de M... avec champ de tir (2°P..)
Groupe de M... avec champ de tir
Mortier Stokes avec barrage
Canon de 37 avec axe de tir
F. M.
F. M.

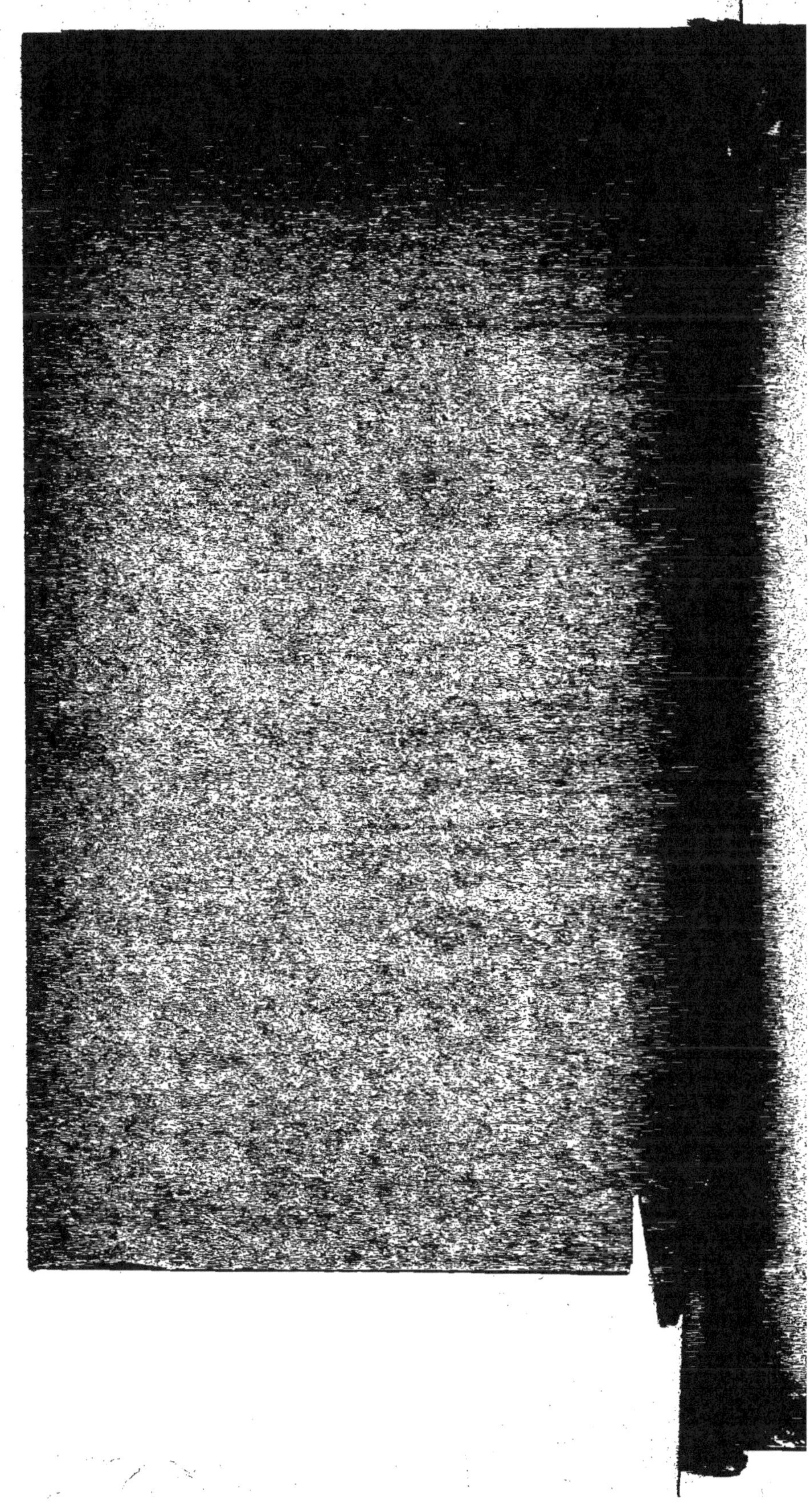

œuvre les renseignements recueillis par le service de renseignements de l'artillerie divisionnaire. Mais il ne semble pas que cette organisation ait encore reçu une solution pratique, et que le service de renseignements de l'artillerie divisionnaire soit doté de tous les éléments nécessaires à un bon fonctionnement (dessinateurs, personnel et matériel pour l'interprétation des photos et l'établissement des croquis).

Quoi qu'il en soit, il est utile de faire fonctionner cet organe au cours des manœuvres, au même titre que le 2e bureau de la division d'infanterie.

Rôle du S. R. A. dans l'interprétation des photos. — La méthode employée pour permettre au S. R. A. de restituer par la photo les batteries ennemies et leurs organes vitaux sera la même que pour la restitution des engins d'infanterie.

Les batteries en action seront représentées, nous l'avons déjà vu, par un artifice éclairant (feu de bengale blanc ou rouge), que la photo peut déceler sans trop de difficultés.

Les emplacements de batteries, que la Direction voudra faire connaître au 2e bureau de la division d'infanterie, seront signalés, lors des reconnaissances photos, par un signe conventionnel (panneau rectangulaire de 2 m). Le S. R. A. sera ainsi en mesure de situer sur sa carte des emplacements, auxquels il donnera, comme il le ferait dans la réalité, des coordonnées provisoires. Il lui sera loisible, en outre, de demander au 2e bureau la photo de certains points ou de certaines zones en vue de compléter sa documentation. La Direction, qui reçoit copie des ordres de mission, peut alors donner ou non au plastron, à sa volonté, l'ordre de figurer des emplacements nouveaux.

Voilà pour les emplacements de batterie.

Mais ces renseignements ne sont pas suffisants; il faut aussi connaître les calibres et les directions de tir. La difficulté commence et la représentation effective devient difficile. A la rigueur, l'engin éclairant suffira pour le calibre, lors d'une reconnaissance à vue; le panneau blanc pourrait à la rigueur suffire, par une orientation conventionnelle à lui donner, pour la direction de tir. Mais il ne sera pas facile de réunir ces deux conditions à la fois dans une seule représentation conventionnelle, à cause du trop nombreux matériel qui serait nécessaire. La Direction interviendra alors pour donner par écrit au S. R. A. les indications complémentaires, qu'elle estimera nécessaires, sous forme de fiches supposées provenir du S. R. A. d'armée.

Réunion quotidienne. — Munis de tous les renseignements recueillis, le 2e bureau, le S. R. A. et l'aéronautique seront en situation de procéder, à une heure à fixer, à la réunion quotidienne, en vue de se mettre d'accord sur les objectifs divers à faire figurer sur *la carte des objectifs.* Au cours de cette réunion, comme dans la réalité, les coordonnées de ces objectifs seront fixées d'un commun accord.

La Direction pourra organiser la manœuvre de façon que tous les renseignements, qu'elle aura voulu fournir, soient entre les mains des destinataires pour une heure donnée, midi par exemple. L'après-midi serait alors consacré en partie à l'étude des renseignements, jusqu'à l'heure de la réunion quotidienne.

II — Étude du plan de défense ennemi

La carte des objectifs d'artillerie une fois établie, la tâche du 2e bureau est loin d'être terminée.

Il s'agit, en effet, après avoir situé l'ennemi et déterminé son dispositif sur le terrain, de faire vivre ce dispositif, de savoir comment il va réagir, se comporter devant l'attaque, en d'autres termes de reconstituer le plan de feux

ennemi et le plan d'emploi de ses réserves, ou, pour synthétiser, son plan de défense.

Voilà, pensera-t-on, qui est bel et bien à dire. Mais
comment faire? Comment arriver à deviner ce que va faire
l'ennemi?

Tout d'abord il ne s'agit pas de deviner. Le 2e bureau
n'a rien d'une officine de pythonisse. Tout travail qui ne
s'appuierait sur la logique et le raisonnement, risquerait
d'être bien fragile, plus même, dangereux. Parmi les renseignements qu'on peut se procurer, il y en a qu'on doit
accepter tels qu'ils sont (les renseignements photographiques par exemple); d'autres, au contraire, doivent être
étudiés, recoupés, comparés, *interprétés*. C'est alors qu'il
faut faire intervenir la logique et le raisonnement, afin
de pouvoir dire en fin de compte : il est *logique* que l'ennemi
agisse de telle ou telle façon, il a *intérêt* à faire de telle
autre, il est *probable* qu'il fera ainsi, etc. Évidemment on
ne connaîtra jamais le détail de son plan de défense, et, à
moins d'avoir des documents en main, on arrivera diffici-
lement à déduire ce que l'ennemi compte faire exactement.
Mais le commandement n'en demande pas tant; ce qu'il
veut, c'est étudier de telle sorte les *actions possibles* de
l'ennemi, qu'il évite les surprises de sa part et puisse prévoir les moyens à employer pour paralyser son jeu et faire
le sien propre.

C'est déjà un grand point d'avoir pu saisir le dispositif
de l'ennemi sur le terrain, car il sera souvent difficile et
long d'arriver à un résultat intéressant. Mieux on aura
défini ce dispositif, mieux cela vaudra, évidemment, car
l'artillerie pourra prendre à partie les organisations, qui
s'opposeront directement à la marche des premières unités
d'attaque. Mais combien il sera utile également de savoir
sur quels autres points (engins, organisations, artillerie)
il y aura lieu de frapper pour faciliter la marche et la manœuvre ultérieures des troupes? Cela, il faudra bien le
chercher, par *l'étude du terrain* d'abord, parce que cette

étude permettra de dire : *Attention! voilà un vallon défilé aux vues de l'assaillant et qui peut être utilisé par une contre-attaque; voici un point d'appui possible qu'il ne faut pas aborder sans précaution; voici un bois derrière lequel il y a une zone suspecte masquée aux vues de l'attaque, etc...* D'autre part, l'*étude stéréoscopique* des organisations enne-mies, ainsi que les déclarations de prisonniers, permettront souvent d'affirmer que de tel observatoire, on a des vues sur le terrain de l'attaque ou de telle partie de l'attaque; que de tels autres points on peut balayer de feux croisés ou d'enfilade telle région, que l'attaque a intérêt à conqué-rir, etc... Enfin la *connaissance des règlements ennemis* permettra souvent de donner une signification à des orga-nisations en apparence inoffensives. Il y aura donc, en plus de l'étude même des particularités du terrain, à se rendre compte dans quelle mesure ces particularités ont une influence sur l'action en préparation, envisagée au point de vue de l'attaque.

C'est en cela que consiste l'étude du plan de défense ennemi, qu'on peut diviser en deux parties :

— étude du plan de feux des premières lignes;

— étude de l'emploi des réserves (contre-attaques, occu-pation de positions).

Ce travail est le corollaire indispensable de l'établisse-ment de la carte des objectifs; cette carte, qui n'est qu'un dessin muet de l'ennemi, deviendra vivante et parlera, lorsqu'on aura pu définir l'emploi rationnel des éléments qui y sont figurés.

**

Méthode pratique. — Comment pratiquement, au cours de l'exercice sur le terrain, habituer les 2es bureaux de division à faire ce travail d'étude du plan de défense adverse?

On procédera de la façon suivante :

La Direction a fait prendre une première couverture photographique du terrain de la manœuvre s'étendant, en profondeur, jusqu'à la limite des objectifs de l'artillerie du corps d'armée; même si la division manœuvre seule, il est essentiel que le terrain étudié soit photographié bien au delà des premiers objectifs de l'artillerie divisionnaire (¹). Sur cette première couverture photographique, le 2ᵉ bureau pourra déjà, en s'aidant de la carte, rechercher les particularités du terrain au point de vue emploi des feux et utilisation des réserves partielles. Il aboutira ainsi à un premier résultat, qu'il pourra reporter sur la carte, et qui lui permettra de distinguer les directions ou les régions dangereuses pour l'attaque et avantageuses pour la défense. L'étude de la planimétrie et des organisations, combinée avec celle du nivellement, sera la base du premier travail.

Par la suite, la Direction fera représenter par le plastron, au moyen de signes ou d'artifices conventionnels, une partie des organisations ennemies qu'elle voudra mettre en évidence pour la bonne marche de la manœuvre (²). Ces organisations viendront s'ajouter à celles que la Direction aura déjà reportées à l'encre rouge sur la première couverture photographique, en vue de fournir au 2ᵉ bureau de la division un premier aperçu du dispositif ennemi et une occasion de compléter ce premier dispositif par un programme de recherches raisonné.

L'étude des photos prises ultérieurement permettra donc au 2ᵉ bureau de rapprocher de l'étude du terrain les organisations révélées et de commencer le travail tactique de détermination et d'identification des engins de feux, que

---

(¹) Dans l'hypothèse envisagée, la division étudiera le terrain jusqu'à la région *Lhuis—Ansolin*.

(²) A cet effet ces organisations portent des numéros (Voir croquis au 1/20000ᵉ) qui facilitent l'indication au plastron des signes conventionnels à faire apparaître.

le plastron aura fait apparaître suivant les ordres de la direction.

Pour que ce travail soit plus complet et présente un intérêt croissant, la Direction fournira au 2e bureau, en réponse aux questionnaires qu'il aura établis pour l'*interrogatoire de prisonniers ou déserteurs*, un certain nombre de renseignements concernant soit l'emplacement de petites unités réservées, d'engins d'infanterie, de P. C., etc..., soit même de petits croquis figurant des documents pris à l'ennemi.

Le 2e bureau sera alors en possession de tous les éléments nécessaires pour lui permettre de voir clair et d'avoir une idée, au moins sommaire, de la façon dont la défense pourrait être conduite; ce sera là un résultat déjà appréciable. Car il ne faut pas vouloir l'impossible et demander au 2e bureau ce qu'il ne peut pas donner. Il cherchera des renseignements, il les synthétisera, il s'efforcera d'en déduire une situation de base aussi exacte que possible; mais, à moins d'avoir des preuves irréfutables des intentions de l'ennemi sous forme de documents ou de déclarations dûment contrôlées, il ne pourra le plus souvent que présenter des *hypothèses* sur les actions possibles de son adversaire. Cela suffit cependant, car il s'agit moins de savoir d'une façon absolue ce que veut faire l'ennemi (¹), dont la décision sera forcément influencée par la volonté de son adversaire, que de prévoir quelle sera la conduite *qu'il pourrait tenir* pour gêner l'action du commandement de l'attaque.

* *
* * *

Résumé. — Pour nous résumer, nous dirons qu'il est parfaitement possible, au cours d'un exercice sur le ter-

---

(¹) Le saura-t-il d'ailleurs toujours lui-même exactement? Dans la défensive la situation d'attente est vite modifiée par les progrès de l'attaque.

rain, de donner au 2ᵉ bureau l'occasion de travailler, ainsi que les éléments strictement indispensables à ce travail; il suffira dans ce but de mettre à sa disposition des photographies — quelques renseignements de prisonniers, quelques documents au besoin.

Mais on devra s'efforcer, afin de mettre le 2ᵉ bureau dans l'ambiance même de la guerre, de ne pas lui donner *tout* ce qui lui est nécessaire, sans qu'il ait fait acte d'initiative et de recherche, c'est-à-dire sans qu'il ait *exprimé ses besoins*. Cette observation s'applique jusqu'à un certain point à l'exécution de son programme photographique (l'aviation ne devant photographier que ce qui lui sera demandé); mais elle s'applique tout particulièrement à la fourniture des renseignements de tous ordres autres que la photo; et, pour rester dans l'esprit de l'Instruction sur l'arbitrage de juin 1925, on ne lui fournira *le plus souvent* que ceux qu'il aura demandés.

Tel est le travail qu'on peut exiger d'un 2ᵉ bureau au cours de la première journée de manœuvre sur le terrain. Pour l'exécution de ce travail, nous estimons qu'une journée est suffisante, mais également nécessaire.

Évidemment la tâche des aviateurs serait lourde, s'il fallait qu'ils l'accomplissent en une journée; aussi la Direction devra-t-elle la répartir en reconnaissances à exécuter *avant la manœuvre* (couverture du terrain), et *le premier jour de la manœuvre*, une fois le plastron en place; de la sorte, on réduira au minimum le programme à réaliser au cours même de l'exercice.

L'exécution de ce programme demandera, de la part de la Direction, un gros effort de préparation, pour lequel deux officiers seront nécessaires, tant pour l'établissement matériel de documents, que pour la rédaction de tout un stock de renseignements d'ordres divers.

DEUXIÈME ET TROISIÈME JOURNÉES DE MANŒUVRE

Nous venons de voir que dans toute action de guerre, la « préparation » constitue le gros de la tâche du 2e bureau. Il ne faut pas l'oublier en temps de paix, car il est aussi préjudiciable pour les cadres de leur laisser croire qu'il suffit de vouloir frapper fort pour obtenir le succès, que d'habituer, par exemple, la troupe à exécuter des tirs de combat, en faisant abstraction du feu des mitrailleuses ennemies. De même qu'il faut dresser la troupe, lorsqu'elle est en première ligne à *voir* et à *chercher* l'ennemi sur lequel elle aura à tirer, de même pour que les tirs de l'artillerie soient fructueux, il faut d'abord savoir sur quoi elle dirigera ses feux.

Ce principe posé, il y a lieu de se demander comment on peut poursuivre le dressage des 2es bureaux, lorsque la *préparation* est terminée et que l'*exécution* a commencé.

Tout d'abord il faut remarquer qu'une action de guerre, une attaque par exemple, ne comporte pas un schéma aussi rigide; bien qu'il soit logique, pour l'étude des opérations, de la diviser en une *période de préparation et une période d'exécution*, en fait, l'attaque n'étant pas une action unique, mais comportant un ensemble d'actions locales qui se succèdent à intervalles irréguliers, il s'ensuit que l'assaillant a toujours une préparation à faire : regroupement de ses forces après une première opération, nouvelle préparation d'artillerie nécessitant une nouvelle recherche des objectifs, nouveau combat d'infanterie nécessitant une nouvelle organisation de l'observation. Donc pratiquement, la tâche du 2e bureau et des officiers de renseignements se poursuit chaque jour suivant le même programme, mais dans un cadre différent, et si l'agencement et la conduite des troupes changent suivant l'opération à exécuter, il s'agit toujours pour le service des renseignements de « préparer » cette opération, avec cette différence qu'il disposera de moins de temps, qu'il devra travailler plus vite.

Prenons le cas concret déjà envisagé. Le deuxième jour de la manœuvre est le premier jour de l'exécution de l'attaque, comportant en premier lieu le franchissement du Rhône.

La manœuvre prévue par la division comportait trois phases :

Première phase. — Création d'une tête de pont entre 351 et 346 et conquête des observatoires ayant des vues sur le fleuve (351, 344, 346) — appui, de la rive gauche, par l'artillerie.

Deuxième phase. — Mise en place, sur la rive droite, de l'artillerie d'appui direct et de l'infanterie destinées à effectuer l'opération du débouché au delà du premier objectif atteint (ligne des observatoires).

Troisième phase. — Débouché des troupes en direction du col de Milieu, etc.

De son côté, la Direction se proposait de conduire la manœuvre comme suit :

1º Laisser la division organiser sa tête de pont, conquérir d'abord les observatoires de la ligne de ses premiers objectifs (cotes 351, 344, Vezerel, 346), puis, partiellement seulement, la ligne de ses deuxièmes objectifs (Voir carte au 1/50000e jointe) et faire passer sur la rive droite l'artillerie d'appui direct (deux groupes de 75) (travail de la deuxième journée de manœuvre).

2º Faire déboucher, dans le flanc droit des troupes marchant sur Lhuis et le col de Milieu, une contre-attaque partant de la région d'*Arandon* (direction : le front 346, Ansolin).

Cette base étant posée, le fonctionnement pratique du service de renseignements pourrait être le suivant :

DEUXIÈME JOURNÉE DE MANŒUVRE (1re et 2e phases)

1° *Faire organiser par le 2e bureau de la D. I. et les officiers de renseignements des régiments leur système d'observation terrestre* sur la ligne des premiers objectifs, en vue de la conquête du deuxième objectif, et de la marche ultérieure sur le col de Milieu.

Cette organisation fera l'objet d'un *plan d'observation.* Comme conséquence, la Direction donnera, par l'intermédiaire des arbitres, aux officiers de renseignements quelques indications sur une activité anormale de mouvements près du front aux environs de *Trieux — la Manissière ;*

2° *Faire établir par les officiers de renseignements des régiments le contour apparent de l'ennemi,* après la conquête du premier objectif, en vue de la préparation des tirs sur le deuxième objectif.

Dans ce but, la Direction fera manœuvrer le plastron, de façon à permettre aux observateurs de situer sur le terrain certains points d'appui occupés (¹) ;

3° *Organiser, dès la conquête des premiers objectifs, un système d'écoutes* au moyen des postes de T. S. F. et de T. P. S. des régiments.

A cet effet, la Direction donnera au plastron doté préalablement de postes de T. S. F. et de T. P. S., une liste de messages (en clair ou chiffrés) que ces postes se transmettront entre eux.

S'il a été possible de donner au plastron un poste E 10, ce poste émettra également quelques messages, que le poste correspondant de la division de manœuvre pourra capter. Dans l'ensemble, on donnera à l'émission des messages l'allure d'une activité insolite. De même, on supposera

---

(¹) Se reporter pour la détermination du contour apparent à notre opuscule sur le Service de renseignements en campagne (régiment).

captées des bribes de conversation, mentionnant l'arrivée de troupes nouvelles vers *Arandon*;

4° *Faire établir par la D. I. un ou deux interrogatoires de prisonniers.*

Ce travail pourra être organisé de la façon suivante :

Admettons que l'avant-garde chargée de former la tête de pont soit composée d'éléments de deux régiments d'infanterie.

La Direction détachera auprès de chacun de ces régiments un arbitre, qui sera chargé de leur faire connaître à une heure fixée que :

X. prisonniers de telle unité ont été faits à Rix.

Y. prisonniers de telle autre unité ont été faits à 346. Ces renseignements seraient transmis normalement par les officiers de renseignements des régiments à la division (2° bureau). Cette transmission confirmerait le compte rendu téléphoné à fournir par chaque régiment à la D. I., laquelle adresserait immédiatement aux arbitres des questionnaires destinés à remplacer les interrogatoires des prisonniers.

Les arbitres répondraient à ces questionnaires qui seraient transmis à la D. I. par l'intermédiaire des officiers de renseignements;

5° *Faire organiser par le S. R. A. le système d'observation de l'artillerie ennemie.*

Fournir à cet effet au plastron les données nécessaires à la figuration des batteries, par exemple : nouveaux emplacements de batteries:

6° Enfin, une fois la première phase achevée, *faire établir par le 2° bureau un nouveau programme de reconnaissances aériennes*, à courte portée, en vue de la continuation de la manœuvre.

Munie d'une copie de ce programme, la Direction donnera des ordres au plastron, en vue de répondre à certaines questions posées par le 2° bureau. D'autre part, l'aviation pourra recevoir de la Direction des ordres directs (¹) concernant la fourniture soit aux troupes, soit au 2ᵉ bureau, de renseignements qui seraient supposés recueillis par elle.

Dans l'occurrence, on pourra par exemple, puisque la manœuvre a lieu sans troupe :

— faire fournir par l'aviation, par *message lesté*, le front atteint par les troupes (jalonnement supposé), ce front ayant été fixé par la Direction suivant la tournure qu'elle voudra donner à la manœuvre;

— faire envoyer par l'aviation, par T. S. F., quelques indications sur la situation de l'ennemi dans la région d'*Arandon* et vers *Lhuis—Milieu*, pour inciter le 2ᵉ bureau à poursuivre son programme photographique dans ces deux directions et lui donner les éléments lui permettant d'apprécier la situation, par exemple :

— construction de tranchées nouvelles avec réseaux vers *Lhuis* et la croupe au nord;

— construction, pendant la nuit, d'une bretelle sur le front *Trieux—le Poulet*, chemin de terre passant par la lettre i de *Guigards*.

*
* *

Le 2ᵉ bureau aura ainsi un lot suffisant de renseignements de toutes catégories, pour pouvoir établir une synthèse assez complète et orienter le commandement. Il sera entendu que la réunion quotidienne aura lieu comme la veille, en vue de l'étude et de la discrimination des renseignements. La Direction relèvera, s'il y a lieu, les erreurs qui auront été commises dans l'appréciation de la situation.

(¹) Voir article 40 de l'Instruction du 15 janvier 1924 : « Le directeur de la manœuvre peut se réserver le maniement de l'aviation amie ou bien encore faire envoyer par T. S. F. d'accord avec le commandant de cette aviation, des renseignements supposés émis par les avions, ce qui donnera plus de vie à la manœuvre. »

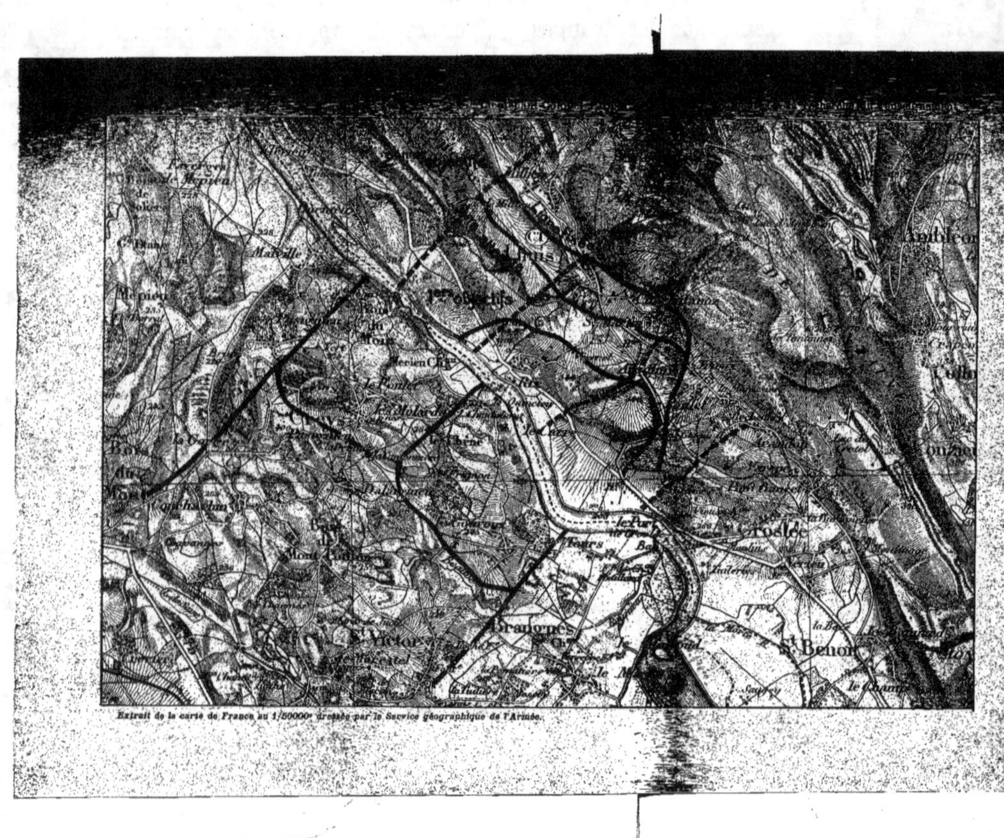

Extrait de la carte de France au 1/50000e dressée par le Service géographique de l'Armée.

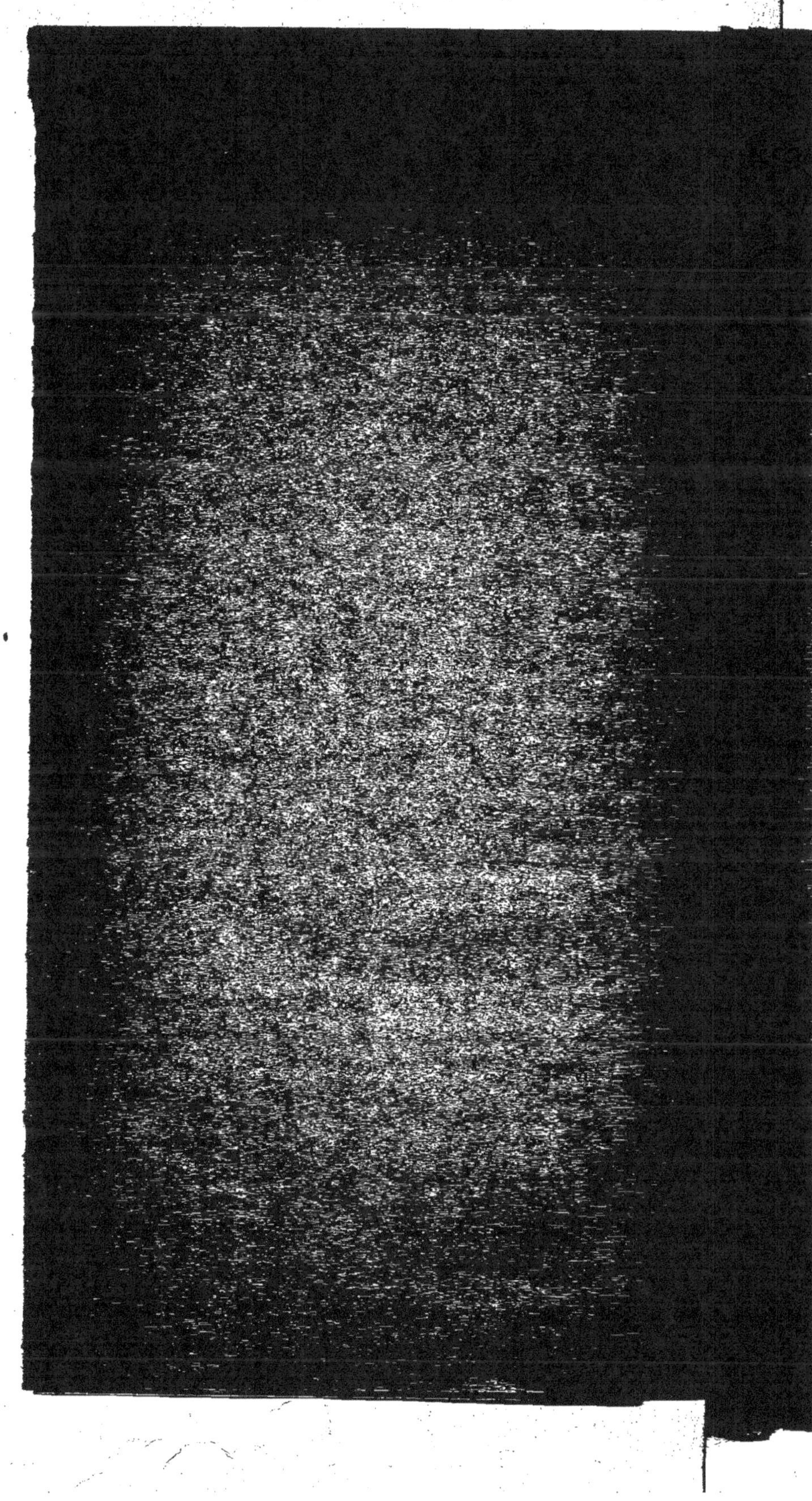

TROISIÈME JOURNÉE DE MANŒUVRE (3ᵉ phase)

Le travail du 2ᵉ bureau exécuté au cours des première et deuxième phases doit servir normalement de base à la décision du général de division, concernant la poursuite de l'offensive. Les opérations de la troisième phase se dérouleront donc, suivant la logique, en tenant compte des renseignements recueillis sur l'ennemi.

Cette façon de procéder a l'avantage de placer le commandement dans l'ambiance exacte de la guerre, de l'obliger à ne pas attendre toujours les renseignements de la Direction sans les avoir cherchés, de le forcer enfin à tenir compte de l'ennemi pour la conception et l'exécution de l'opération qui lui est confiée.

Dans de telles conditions, la préparation préalable, par la Direction, du travail à faire exécuter par le 2ᵉ bureau de la D. I. au cours de la troisième phase, doit être envisagée très largement, sans qu'on en puisse prévoir à l'avance tous les détails, comme pour les journées précédentes. Ce n'est que lorsque la décision du commandant de la division de manœuvre assise sur les renseignements de la veille aura été prise, que la Direction pourra préparer le stock de renseignements nouveaux, qu'elle compte donner aux divers organes travaillant pour le 2ᵉ bureau, au cours de la troisième phase, et donner ses ordres en conséquence au plastron.

Dans l'hypothèse envisagée, et si la division a bien apprécié l'ensemble des renseignements, qui, dans l'esprit de la Direction, doivent l'amener à conclure à une action possible de l'ennemi vers *Arandon*, la Direction, qui aura prévu l'exécution d'une contre-attaque de ce côté, pourra, si elle le juge utile, modifier ses intentions et donner à la manœuvre telle autre allure qu'elle jugera bon. C'est là, à notre avis, l'avantage de la méthode, qui force tout le monde à travailler, non suivant un plan arrêté d'avance, dans ses moindres détails, mais, oblige la division de manœuvre à agir suivant les circonstances nouvelles, qui lui sont imposées par les incidents ou renseignements imaginés par la Direction, et amène la Direction même à conduire la manœuvre d'après les décisions nouvelles prises par la division en fonction précisément de ces renseignements.

L'imprévu ajoute ainsi à la manœuvre un intérêt indéniable. Il n'est pas douteux qu'il en résulte, pour la Direction, un surcroît de travail; mais il n'en reste pas moins vrai également qu'au point de vue de l'instruction des cadres, la manœuvre a gagné en vérité et que le travail exécuté en a été d'autant plus profitable. Ceci vaut bien cela.

Résumé de l'exercice

Pour conclure, nous résumerons ci-après comment on peut comprendre le travail du 2ᵉ bureau au cours d'une manœuvre de trois jours sur le terrain :

Premier jour. — Préparation, recherche des renseignements dans le calme, fonctionnement en commun du 2ᵉ bureau, du S. R. A. et de l'aviation.

Deuxième jour. — Fonctionnement du 2ᵉ bureau, dans le sens des opérations prescrites et en vue des besoins nouveaux de la division.

Troisième jour. — Orientation des organes de recherche de la division et travail de la Direction en fonction des décisions prises par le commandement de manœuvre, d'après les renseignements recueillis la veille.

TABLE DES MATIÈRES

PREMIÈRE PARTIE

Formation des officiers de renseignements. — Stage au corps d'armée.

Exercice sur la carte.

CHAPITRE I

CHAPITRE II

DEUXIÈME PARTIE

CHAPITRE I

PRÉPARATION DE LA MANŒUVRE

CHAPITRE II

EXÉCUTION DE LA MANŒUVRE

Lieutenant-Colonel PAQUET

Étude sur le fonctionnement interne d'un 2ᵉ Bureau en campagne. Préface du général BUAT. 1923. 1 volume in-8 avec 3 cartes et 2 croquis hors texte. . . . . **20 fr.**

Défaite militaire de l'Allemagne en 1918. *L'usure des effectifs allemands. La stratégie allemande et la manœuvre des Alliés*, 1926. 1 volume in-8 de 302 pages, avec 37 croquis et 3 cartes en couleurs, hors texte, br. **22 fr.**

Mobilisation industrielle, par le lieutenant-colonel REBOUL. — Tome I. *Des fabrications de guerre en France de 1914 à 1918.* 1925. 1 volume in-12 de 207 pages, avec 4 graphiques, broché. . . . . **8 fr. 75**

Les Chemins de fer de l'Est et la Guerre de 1914-1918, par A. MARCHAND, inspecteur général à la Compagnie des Chemins de fer de l'Est. 1924. 1 volume grand in-8 avec 12 reproductions photographiques et 37 croquis hors texte. . . . . **40 fr.**

Plans de concentration de 18— à 1914, par le même. 1926. 1 volume grand in-8 avec 24 croquis hors texte. . . . . **15 fr.**

La Guerre n'est pas une industrie. *A propos de l'ouvrage allemand « Material oder Moral »*, par le colonel ALLÉHAUT. 1925. 1 volume in-8 de 168 pages, broché . . . . **6 fr. 50**

L'Effondrement du plan allemand en septembre 1914. *Étude stratégique*, par le général CAMON. 2ᵉ édit. 1925. 1 volume in-8 de 171 pages, avec 22 croquis dont 1 hors texte, broché . . . . **8 fr.**

La Discorde chez l'ennemi, par le capitaine DE GAULLE. 1924. 1 volume gr. in-8, — pages, broché . . . . **6 fr.**

Des Groupes de reconnaissance *(Cas concret)*, par le colonel LOIR. 1926. Un volume in-8 avec 1 carte et 3 croquis. . . . . **8 fr. 50**

La Guerre mondiale 1914-1918, par le commandant DUFESTRE. 1924. 1 volume in-8 avec 4 croquis. . . . . **5 fr.**

Cours de Cryptographie, par le colonel M. GIVIERGE. 1925. 1 volume in-8 de 313 pages, broché . . . . **20 fr.**

Majoration temporaire de 20 % et frais d'envoi en sus.